P|V|
| |

Monika Espenhayn (Hg.)

Ich will nur schwimmen.

Porträt der Paralympics-Sportlerin
Kay Espenhayn

Plöttner Verlag
LEIPZIG LONDON

Bibliografische Informationen der Deutschen Nationalbibliothek:
Die Deutsche Bibliothek verzeichnet diese Publikation in der Deutschen Nationalbibliografie;
detaillierte bibliografische Daten sind im Internet über www.d-nb.de abrufbar.

Alle Rechte der deutschen Ausgabe
© 2012 Plöttner Verlag GmbH & Co. KG, Leipzig London

Alle fotografischen Abbildungen, wenn nicht anders vermerkt, stammen aus Privatbesitz.
Bei vereinzelten Fotografien konnte der Ursprung nicht restlos geklärt werden.
Sollte jemand seine eigene fotografische Arbeit wiedererkennen, so bitten wir Ihn, sich beim Verlag
zu melden.

1. Auflage
ISBN 978-3-86211-058-2
Umschlaggestaltung: Hagen Schied
Text (wenn nicht anders vermerkt) und Textzusammenstellung: Andreas H. Buchwald
Layout und Satz: Hagen Schied
Druck: Buchfabrik Halle

www.ploettner-verlag.de

Inhaltsverzeichnis

Geleitwort — 7

Vorwort — 13

Meine Liebe Kay — 17

Die Jahre vor dem Schwimmen — 25

Widerstände und Herausforderungen — 37

Freunde und Unterstützer — 67

Meisterschaften und Erfolge — 83

Abschied und Gedenken — 103

Behinderte und Sport — 109

Anhang — 113

Kurzbiografie — 126

Bildanhang — 129

Geleitwort

Liebe Mutter von Kay,

liebe Monika Espenhayn,

ungefähr ein Jahr ist es her, als Sie in mein BüroCafé in der Gottschedstraße kamen und mir von Ihrem Vorhaben erzählten. Sie legten Textpassagen und Fotografien vor sich auf den Tisch. Ihre Idee war, aus privaten Briefen, aber auch mittels öffentlich zugänglicher Dokumente ein Buch zu machen, das das Leben Ihrer wunderbaren Tochter wieder ein Stück lebendig werden lässt. Was für ein großartiges Projekt! Ich war sehr angetan von diesem Gedanken. Der Text, den Sie mit Andreas Buchwald geschrieben hatten, war fast fertig. Nun suchten Sie weitere Unterstützung, einen Verlag zum Beispiel, der weniger an der Menge verkaufter Exemplare als vielmehr am Leben dieser Frau interessiert wäre. Ob ich den finden und einen Kontakt vermitteln könnte?

Sie wissen, wir haben in Jonas Plöttner, dem ich seit langem freundschaftlich verbunden bin, einen engagierten, ideenreichen und kompetenten Partner gefunden. Er zögerte keinen Moment mit der Zusage, Ihnen zur Seite zu stehen. Unverzüglich ging es an die Arbeit. Der Plöttner Verlag stellte sein Knowhow in Form von Lektorat, Buchgestaltung und Vermarktungsexpertise bereit – was konnte Ihnen und uns Besseres passieren?

Und so halten nun die Leserinnen und Leser Ihr Buch in den Händen. Wie man sieht: Ihre Mühe hat sich gelohnt, die unzähligen Stunden der akribischen Sichtung der Briefe und Dokumente, die Gespräche mit Weggefährten von Kay und die Endredaktion des Buches. Danke, dass Sie diese Arbeit geleistet haben. Für uns.

Ich weiß, die eigentliche Herausforderung lag nicht so sehr in der Recherchearbeit. Es war die Erinnerung, die Rückbesinnung auf die Zeit mit Kay, die Ihnen das Herz schwer gemacht hat. Ich selbst durfte ein paar wenige Stunden mit Kay verbringen, Sie waren dieses lange kurze Leben dicht an ihrer Seite. Wie bewältigen Sie das? Was überwiegt heute, beinahe zehn Jahre nach Kays Tod? Der Schmerz über den Verlust oder die Gewissheit, dass ihr Leben erfüllt und reich war?

Ihre Kay ist kurz nach ihrem 34. Geburtstag gestorben. Sie war eine außergewöhnliche Frau. In meiner Erinnerung sitzt sie im Rollstuhl und wird von Ihnen oder einem Helfer geschoben. In den Ratsplenarsaal unseres Leipziger Rathauses zum Beispiel, in einen Festsaal, eine Sporthalle. In einem solchen Moment geschah etwas Unbeschreibliches: Der Raum verwandelte sich. Das Gesicht dieser zarten, zerbrechlichen Frau mit den leuchtenden Augen strahlte in einer Weise, die die Umstehenden verzauberte. Die Fotos fangen nur unzulänglich dieses einzigartige Lächeln ein, das so ganz anders war, als die zu solchen Anlässen fotogen aufgesetzte, auf Wirkung bedachte Fassade. Kay war fröhlich, ausgelassen, überschwänglich und dabei ganz bei sich. Sie zog alle in ihren Bann. Ich war bei all diesen Begegnungen von ihr fasziniert und fühlte mich reich beschenkt.

Schon damals habe ich mir die Frage gestellt, wie es möglich ist, dass Kay nach so vielen schweren Schicksalsschlägen und Rückfällen, mit ihren Schmerzen und Einschränkungen, den geplatzten Träumen und bitteren Enttäuschungen so sein konnte, wie sie war. Diese Frage ist bis heute geblieben. Wie konnte Kay in einem Interview kurz vor ihrem Tod diesen Satz sagen, der wie ihre Lebensbotschaft klingt: »Ich bin nicht weniger glücklich als andere.«? Kann uns Kay etwas über das Glücklichsein sagen, kann sie uns eine andere Dimension von Leben erschließen?

Ich bin überzeugt, das kann sie. Vorausgesetzt wir sind bereit, zwischen den Zeilen zu lesen und tiefgründig nachzufühlen. Wer sich auf sie und ihr Leben einlässt, der wird fündig. Kay regt mich an, die gängige Sicht auf das Leben infrage zu stellen: Könnte es sein, dass wir Glück und Zufriedenheit allzu leichtfertig mit immerwährender Gesundheit, mit blühender Jugend und uneingeschränkter Tatkraft verbinden? Lassen wir uns gedankenlos verführen durch die wohlfeilen Hochglanzlebensentwürfe? Ist unsere Gesellschaft wie wir selbst zu sehr darauf bedacht, den Schmerz zu vertreiben oder wenigstens zu betäuben? Es darf nicht wehtun, weder in der großen Politik, noch im privaten Alltag. Möglichst leicht und unbeschwert soll es gehen, dann ist es gut. Kay und Sie als ihre Mutter eröffnen uns einen anderen Horizont. Geglücktes Leben kann sich ganz offensichtlich anders definieren. Das gilt es zu entdecken.

»Ich bin nicht weniger glücklich als andere. Ich genieße nur bestimmte Momente heute ganz anders, nehme vieles nicht mehr so selbstverständlich wie früher«, sagt Ihre Kay. Ich glaube, dass es auch der wunderbaren Begleiter bedarf, um den Menschen Kraft zu geben, die eigentlich niedergedrückt sein müssten. Es sind die Mütter und Väter, die einfühlsamen Geschwister und Freunde. Und wie bei Kay die Weggefährten in den Vereinen, die freigiebigen Unternehmen, die aufmerksamen Redakteure und kameradschaftlichen Helfer bei den Wettkämpfen. Frage des Journalisten: »Wie kommen Sie eigentlich ins Wasser?« Kay: »Ganz einfach. Zwei Mann haken mich links und rechts unter, heben mich aus dem Rollstuhl und lassen mich ins Becken plumpsen. Die ersten Minuten sind auch immer fürchterlich. Jeden Tag graut es mir vor dem Wasser, das fast immer zu kalt ist.« Liebe Monika Espenhayn, ohne es zu wollen haben Sie sich und den vielen Unterstützern mit diesem Buch ein kleines Denkmal gesetzt. Ganz zu Recht. Es regt an, es Ihnen auf eine je eigene Weise nachzutun.

Menschen mit Behinderungen in unserer Gesellschaft. Es gibt wohl noch viel zu tun, damit es besser wird. In einem von Kays Briefen vom Ende des Jahres 1993 schreibt sie an Sie über ihre Problemwohnung und die Mieterschaft: »Die Fahrstuhltür wird nie richtig zugemacht, also kann ich ewig auf den Fahrstuhl warten. Er kommt nie! Dann schließen die ab 18 Uhr die Haustüre richtig zu, so dass ich über die Sprechanlage die Tür nicht mehr aufbekomme. Mit der Rampe, wenn man durch den Keller fährt, habe ich auch Schwierigkeiten, die ist so steil, dass der Rollstuhl kippt.«

Mein Wunsch: Das Buch möge dazu beitragen, dass der Alltag von Menschen wie Kay nicht durch Gedankenlosigkeit und mangelndes Einfühlungsvermögen noch schwerer gemacht wird. Es sollte anregen, die Augen nicht zu verschließen vor den Schwierigkeiten der Menschen um uns herum und ermuntern, nicht aus Mitleid, sondern mit natürlicher Hilfsbereitschaft da zu sein, wenn es nötig ist. Im Umgang mit unseren kleinen und großen Lebenssorgen wünschte ich, wir könnten uns von Kays Lebensmut und Optimismus leiten lassen. Vielleicht hilft ja gegen Verzagtheit und alle Widerstände, es ihr nachzutun : »Mein großes Plus ist meine Willensstärke.«

Kay, Du fehlst. Aber wir sind dankbar für die Zeit mit Dir. Und weil Du unter uns bist, hast Du uns noch heute viel Wunderbares zu sagen.

Liebe Monika Espenhayn, ich grüße Sie herzlich

Ihr

Wolfgang Tiefensee

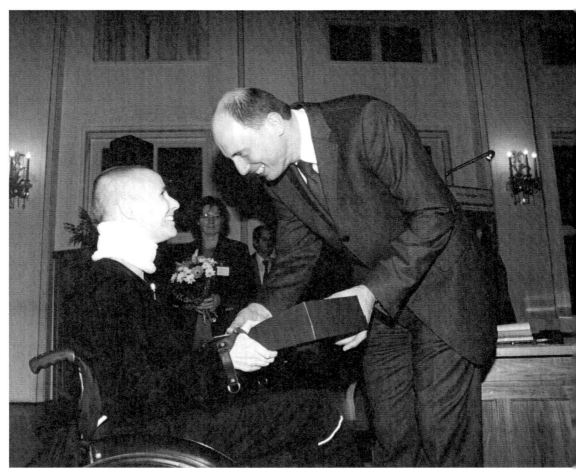
Kay Espenhayn und Wolfgang Tiefensee am (November 2000)

Vorwort

Im Grunde spricht Kay Espenhayns Leben für sich selbst, und es ist beinahe überflüssig, viele Worte darüber zu verlieren. Da sie aber eine Unzahl von Menschen beeindruckt hat, ist es recht und billig, ein Erinnerungsstück zu haben, einen Gegenstand, der das Gedächtnis an die großartige Schwimmerin wach hält, gewissermaßen als Symbol dessen, was ein Mensch selbst unter widrigsten Umständen erreichen kann. Und als ein solches versteht sich dieses Buch.

Die Idee war längst da, doch es verging eine gewisse Zeit, bis sich die Möglichkeit ihrer professionellen Ausführung eröffnete. Nun liegt uns ein Band vor, in dem Kay noch einmal selbst zu ihren Fans und allen interessierten Lesern sprechen kann, denn er enthält in thematischer Anordnung ihre eigenen Reflexionen und Briefe, soweit sich diese ohne Abstriche für eine Veröffentlichung eigneten. Weiterhin kommen auf den folgenden Seiten ihre Mutter, ihre engsten Angehörigen, Förderer und Freunde zu Wort und aus den zahlreichen Presseartikeln und sonstigen -notizen wurde ebenfalls eine in diesen Rahmen passende Auswahl getroffen. Verschiedene Texte wurden um ihrer flüssigen Lesbarkeit willen leicht bearbeitet oder auch gekürzt und auf das Wesentliche beschränkt, jedoch im Großen und Ganzen in ihrem ursprünglichen Wortlaut belassen.

Vor dem inneren Auge des Lesers entsteht noch einmal ein bemerkenswertes, ungewöhnliches Leben mit Höhen, die nur von sehr wenigen jemals erreicht werden, jedoch auch Tiefen, die souverän zu bewältigen ebenfalls nur wenigen gelingen mag. Die innere Kraft, die der jungen Sportlerin durch diese Herausforderungen zuwuchs, kann von denen, die sie »nur« von Außen erlebten, wohl höchstens geahnt und kaum wirklich ermessen werden. Die Zeichen aber, die sie auf dem von ihr beschrittenen Weg setzte, sind bleibend. Nicht nur für diejenigen, die Kay Espenhayn liebten, sondern auch für künftige Generationen des Behindertensports.

Andreas H. Buchwald

*Ich glaube,
für mich entschließen zu wollen,
lieber kurz und intensiv zu leben
als ewig im Glaskasten zu hocken.*
                              KAY ESPENHAYN

Foto: Matthias Mauersberger

Kay Espenhayn kurz nach ihrer Ankunft aus Atlanta (1996)

Meine liebe Kay!

> Der Herr hat's gegeben.
> Hiob 1, 21

Nachdem ich viele Jahre im kirchlichen Kindergarten andere Kinder betreut habe, durfte ich am 20. August 1968 Dich, mein eigenes, gesundes Kind, in den Armen halten. Du warst ein aufgeschlossnes, quirliges, kleines Mädchen.

Mit drei Jahren kamst Du für vier Stunden täglich in den Kindergarten Elsbeth-Stift. Deine kleine Schwester Grit war damals acht Monate alt. Als Vorschulkind lerntest Du schwimmen. Damals ahnte ich nicht, dass Du einmal ein großer Star werden solltest – nur eben nicht als gesunder Schwimmer. Bis Du zur Schule gingst, konntest Du schon viele Bahnen schwimmen.

In der zweiten Klasse wurdest Du für rhythmische Sportgymnastik ausgesucht. Du warst ein zierliches, sehr bewegliches kleines Mädchen. Es machte Dir viel Spaß, Dich mit Band, Reifen und Ball zu bewegen. Aber die Sportschule lehnten wir ab. Also lerntest Du Flöte spielen und später im Jugendblasorchester Deiner Schule auch Waldhorn.

Als Du die Schule beendet hattest, hörte auch die Musikausbildung auf. Du wolltest auf die Erweiterte Oberschule, aber wegen meines Berufes als Kindergärtnerin in einem kirchlichen Kindergarten wurdest Du nicht delegiert. Als wir Dich als Eltern sozusagen nachdelegierten, funktionierte es jedoch. Dennoch lehntest Du dann den EOS-Platz ab, denn Du wurdest einer Armeeklasse der Humboldt-EOS zugeteilt, deren Schülernotendurchschnitt zwischen 2,0 und 2,5 lag. Du wünschtest Dir eine andere Ausbildung, um mehr mit Menschen zu tun zu haben.

Nach einem praktischen Jahr im Evangelisch-Lutherischen Diakonissenhaus studiertest Du drei Jahre an der Medizinischen Fachschule in der Fachrichtung Medizinisch-Technische Laborassistentin. Während der Ausbildung qualifiziertest Du Dich auch als Rettungsschwimmer, Stufe I und II. Du verbrachtest die Wochenenden am Kulkwitzer See oder an der Ostsee auf einem Rettungsturm.

Im letzten Studienjahr entfernte man Dir einen geschwollenen Lymphknoten am Hals. Dabei wurde, wie sich später herausstellte, der elfte Hirnnerv (Nervus accessoris) durchtrennt, der die Muskulatur der Schulter versorgt.

1989 beendetest Du Deine Ausbildung als MTA mit dem Staatsexamen und arbeitetest im Diakonissenhaus. In Deiner Freizeit hast Du sehr oft an Patientenbetten gesessen.

1993 wurdest Du an der Wirbelsäule operiert. Monatelang lebten wir in Angst und Bangen, ob Du wieder laufen würdest. Die erschütternde Diagnose lautete dann: Querschnittslähmung.

Anfangs hatte man uns darüber jedoch im Unklaren gelassen. Erst in der Rehaklinik brachte eine Ärztin den Mut auf, uns die Wahrheit zu sagen und teilte uns mit, dass wir uns um einen Rollstuhl kümmern müssten.

Du hast es, wie mir heute auffällt, besser verkraftet als ich.

Fünfundzwanzig Jahre lang durftest Du gesund sein – und nun warst Du mit einem Schlag behindert.

Dennoch trainiertest Du. Ohne Beine bist Du geschwommen, sehr kraftvoll einzig mit Deinen Armen. Dabei hast Du oft gesagt: »Im Wasser bin ich frei und leicht und fühle mich nicht behindert.« Du warst selbstbewusst und stark. Oft habe ich Dich bewundert, wie Du Dein Leben im Rollstuhl meistertest.

Bald warst Du auch erfolgreich und kamst 1995 aus Perpignan in Südfrankreich als sechsfache Europameisterin zurück.

Du hattest sehr viele gesundheitliche Rückschläge, zahlreiche Operationen und Rehaklinikaufenthalte. Schließlich aber wurdest Du für Atlanta nominiert und durftest trotz kurzer Trainingszeit zu den Paralympics nach Amerika fliegen.

Wir indessen durchlebten von neuem Tage der Ungewissheit und fragten uns, wie es Dir ergehen würde.

Dein Traum aber wurde wahr, Dein Wunsch, zur Weltspitze zu gehören. Eine Medaille wolltest Du erschwimmen und mit sechs Medaillen wurde Deine Beharrlichkeit belohnt. Glücklich warst Du und eine Persönlichkeit – trotzdem bliebst Du bescheiden. Und für andere behinderte Sportler hast Du Dich immer eingesetzt.

1998 wurdest Du innerhalb von vier Wochen fünfmal operiert. Eine Woche lang blieb ich bei Dir in Dresden. Einige Deiner guten Freunde gaben mir ein Zimmer. Dein Leben hing an einem seidenen Faden, aber Du schafftest es wiederum und wurdest uns noch einmal geschenkt.

Mehrere Reha-Aufenthalte folgten.

2000 durftest Du mit nach Sydney fliegen, kämpftest von neuem an der Weltspitze und siegtest. Fünf Silbermedaillen brachtest Du als reiche Ernte nach Hause.

Endlich bliebst Du einmal für ein Jahr und drei Monate beu uns und das war eine sehr schöne gemeinsame Zeit.

Im Januar 2002 jedoch kamst Du ins Krankenhaus nur wegen zweier Zysten, die, wie wir glaubten, eine harmlose Angelegenheit darstellten. Und wir ahnten nicht, dass Du nie wieder zu uns zurückkehren würdest.

Zuerst war es ein Ilius, der mit viel Gefühl und sanften Mitteln auf der Palliativ-Station behandelt wurde. Im Juni aber brachen Fieber und ein grässlicher Husten aus, obwohl man nach zweimaligem Röntgen nichts hatte feststellen können. Erst eine Woche danach wurde eine Lungenentzündung diagnostiziert.

Nun musste ich erleben, wie schwer Dir Atmen und Sprechen fielen. Es ging Dir so schlecht, dass man mich nach Hause schickte. Am nächsten Morgen musstest Du zweimal auf der Intensivstation reanimiert werden.

Du warst allein und ich weiß nicht, was Du erlitten hast.

Im Juli hatte ich drei Wochen Urlaub und wachte viele Tage lang an Deinem Bett. Du lagst im Koma und hattest keine Schmerzen, doch nur Geräte haben Dich am Leben erhalten.

Nun wussten wir wirklich nicht mehr, ob Du es noch einmal schaffen könntest.

Obwohl Du nicht ansprechbar warst, hielt ich Deine Hand und sagte: »Meine Kay, wenn Du nicht mehr kannst, lasse ich Dich gehen.« Aber ich wusste nicht, wie schwer es mir fallen würde, Dich tatsächlich gehen zu lassen.

Nach sieben Wochen verlegte man Dich zurück auf die frühere Station. Aufgrund eines Kehlkopfschnittes konntest Du nur mit Sprechkanüle reden. Außerdem funktionierte Deine Lunge nicht, und was Du gegessen hattest, erbrachst Du. Wegen der Schmerzen bekamst Du Medikamente und immer wieder stieg das Fieber an. Möglicherweise war man auch mit Dir überfordert.

Als ich Dich am Freitag, dem 13. September 2002, zwei Tage vor Deinem Tod besuchte, sagte mir niemand, dass Du es nicht schaffen würdest. Gern hätte ich Dich noch vieles gefragt.

Der Anruf, dass ich kommen sollte, erfolgte am nächsten Morgen. Was ich gefürchtet hatte, war nun Wirklichkeit geworden.

Wir waren alle gekommen, Deine Schwester, zwei Freundinnen, Christian, zwei Pfarrer und ich.

Und wir haben Dich nicht mehr allein gelassen, auch nicht, während Du schliefst.

Nur für ein paar Stunden hielt ich mich nachts zu Hause auf und am 15. September hast Du auf mich gewartet, bevor Du für immer einschliefst, ruhig und friedlich. Ich hielt Dich ganz fest und holte erst später eine Schwester.

Meine liebe Kay, Du warst unglaublich stark, viel stärker als ich. Du hast nie aufgegeben – nun aber war Deine Kraft zu Ende.

Dein Leben hatte sich vollendet mit all seinen Höhen und Tiefen. Nur eine Zeitlang durftest Du bei uns sein.

Der Herr hat's gegeben, der Herr hat's genommen. Aber mir fällt es noch immer schwer zu sagen: *Der Name des Herrn sei gelobt.* Obwohl das Zitat so endet.

Deine Dich immer liebende

Mutter Monika

Monika Espenhayn zusammen mit ihrer Tochter

Meine liebe große Schwester!

Weißt Du noch als Volkmar ein Mal in der Woche zu uns kam und du schon im Kindergarten warst? Du hattest Deine Süßigkeiten immer sehr lange aufgehoben, während ich immer alles aufgegessen habe. Es stand ein großer Osterhase von Dir da. Mit Volkmar hatte ich Verstärkung und wir haben Deinen Osterhasen geschlachtet. Allein hätte ich ihn nicht gegessen. Ein bisschen traurig warst Du schon, als Du aus dem Kiga kamst. Aber dann sagtest Du: »Ich hätte ihn allein doch nicht geschafft.« Als Ingrid Dir dann einen neuen Hasen schenkte, antwortetest Du: »Nun können wir ein neues Schlachtfest feiern.«

Weihnachten 1978 war Dein Meerschweinchen Dolly sehr krank. Sie hat kaum gefressen. Du hattest sie auf dem Schoß – als sie die Nadeln des Tannenbaums erwischte und fraß. Gurke und Salat mochte sie nicht. Du machtest Dich auf die Suche nach Gras und das am 24. Dezember. Vom Balkon konntest Du auf den Hof in der Faradaystr. schauen. Über den Zaun bist Du geklettert, während ich aufgepasst habe, dass niemand kommt. Winzige Grashalme hast Du gepflückt für Deine Dolly.

Übrigens sind wir als Kinder in der Schwimmhalle in der Kirschbergstr. ausgetestet worden. Ich hätte den Test bestanden, Du nicht. Ich glaube, da warst Du sehr unzufrieden. So schön war es auch nicht, wir mussten ins Wasser springen, eine Bahn schwimmen (auf Zeit) und am Ende der Bahn rausklettern, am Rand entlanglaufen und wieder ins Wasser 25m auf Zeit schwimmen. Dir machte es keinen Spaß, Du wolltest lieber viele Bahnen schwimmen. Regelmäßig trainiert habe ich dann doch nicht. Du warst dann der große Schwimmer. Leidenschaftlich gern triebst Du Sport. Einen großen Teil Deiner Freizeit widmetest Du der künstlerischen Gymnastik. Du warst sehr zielstrebig und stelltest hohe Anforderungen an Dich und hattest auch das Durchhaltevermögen, einige Kilometer am Stück zu joggen.

Dein Lieblingsessen war Kartoffel + Quark, Tatar und Pizza mit Thunfisch - alles was ich überhaupt nicht mochte. Dein Lieblingsobst waren Mandarinen – falls es sie gab. Da konntest Du Dich reinlegen. Äpfel mochtest Du überhaupt nicht. Du sagtest immer: »Ich habe eine Apfelallergie«, aber das war nur Spaß.

Meine liebe Schwester, Du warst ein lebensfrohes und beliebtes Mädchen. Vielen ist Deine Hilfsbereitschaft in Erinnerung. Du hattest unwahrscheinlich viele Pflegedienste an den Wochenenden während Deiner Ausbildung gemacht, ob im St. Georg oder an der Uni. Ich ging lieber zur Disco, so verschieden waren wir.

Im August 1990 sind wir mit Detlef und Uwe nach Norwegen gefahren und haben allen laut verkündet: »Mein liebes Schwesterherz ließ ihre schöne Uhr in das Hafenbecken fallen. Blubb, blubb fort war sie. Nun wissen alle Fische immer wie spät es ist und wann die Fähre ankommt.« Solche Sprüche hattest Du immer drauf, liebe Kay.

Du fehlst uns so sehr

Deine Schwester Grit

Grit und Kay Espenhayn

Die Jahre vor dem Schwimmen

Mein Name ist Kay Espenhayn
Kay Espenhayn, Juli 1997

Ich bin am 20. August 1968 in Leipzig als völlig gesundes Mädchen zur Welt gekommen.
Ich durfte eine normale Kindheit erleben. Mit dem dritten Lebensjahr besuchte ich einen Kindergarten.
Mit fünf Jahren lernte ich das Schwimmen, wofür ich mich damals schon begeisterte. 1975 wurde ich eingeschult in eine Zehn-Klassen-Schule. Dort bemerkten die Sportlehrer, dass ich sehr beweglich war und sehr gerne Sport trieb.
Ich wurde zu einem Test geschickt. Erfahrene Trainer begutachteten mich. Es wurden Geschicklichkeit, Beweglichkeit und Schnelligkeiten getestet. Die Körperstatur, Größe und Gewicht spielten auch eine große Rolle, um die optimale Sportart für jedes Kind zu finden. Nach Auswertung aller Tests teilte man mich in die Trainingsgruppe der Rhythmischen Sportgymnasten ein.
Für die Schwimmer war ich zu diesem Zeitpunkt einen halben Zentimeter zu klein. Die Rhythmische Sportgymnastik machte mir auch sehr viel Spaß und ich ging fast jeden Tag für mehrere Stunden zum Training.
1980 musste ich damit aufhören, da ich nicht auf die Sportschule gehen sollte. Zu diesem Zeitpunkt herrschten dort sehr strenge Sitten, sodass meine Eltern dagegen waren. Leider wurde ich auch nicht abtrainiert. Dadurch entstand der unangenehme Nebeneffekt, dass meine Sehnen überdehnt waren und der Kreislauf zu lange gewissermaßen auf Hochtouren lief.

Da mir der Sport sehr fehlte, versuchte ich diesen Leerraum mit einem anderen Hobby zu füllen und verlegte mich auf Musik. Ich lernte Flöte und Waldhorn spielen, wirkte dann auch in einem Jugendblasorchester mit. Ich merkte indessen, dass ich dafür nicht so talentiert war und beendete mit der Entlassung aus der Schule auch die Musikausbildung. Das geschah 1985.
Danach sollte und wollte ich eigentlich das Abitur machen, lehnte es jedoch im Endeffekt ab. Die Gründe dafür bestanden zum einen in der Zusammensetzung der Klasse und zum anderen in den damaligen Studienbedingungen. Deshalb entschied ich mich lieber dafür, einen Beruf zu erlernen, der mir Spaß machte, um nicht irgendetwas zu studieren, wofür ich überhaupt kein Interesse aufbrachte. Damals war es bei uns so, dass man gewisse Studienrichtungen nur mit Beziehungen bekam, die ich nie hatte.
Da ich mich für die Medizin entschieden hatte, bewarb ich mich an einem Leipziger Krankenhaus als Medizinisch-technische Laborassistentin. Die Bewerbung kam durch den Abiturplatz zu spät, so musste ich ein praktisches Jahr im Krankenhaus absolvieren, wobei mir die Arbeit auf Station und vor allem mit Patienten sehr viel Spaß bereitete.
1986 begann ich dann das Studium an der Medizinischen Fachschule in Leipzig. Während des Studiums fand ich dann endlich wieder eine Schwimmgruppe. Nebenbei wurde ich Rettungsschwimmer und absolvierte die Stufen I und II. Ich ging regelmäßig zum Training, begann selber Rettungsschwimmer auszubilden und hatte je-

des Wochenende Einsätze an einem größeren See in Leipzig.
Während der Ferien durfte ich auch einige Wochen an der Ostsee auf einem Rettungsturm arbeiten.
An den anderen freien Wochenenden und Tagen, die noch übrig waren, arbeitete ich regelmäßig auf einer Intensivstation. Hier wurde Knochenmark transplantiert. Diese Arbeit bereitete mir unheimlich viel Spaß!
1989 beendete ich die Ausbildung zur Medizinisch-technischen Laborassistentin mit dem Staatsexamen und arbeitete danach in einem kleinen Krankenhaus, in dem ich noch viele Kontakte zu den Patienten hatte.
Noch im selben Jahr entnahmen Ärzte mir aus diagnostischen Gründen am Hals einen Lymphknoten und durchtrennten unbeabsichtigt einen Nerv. Seitdem ist die Beweglichkeit der Halswirbelsäule, des rechten Schultergelenkes und des Armes eingeschränkt. So durfte ich u. a. als Rettungsschwimmer keine Einsätze mehr durchführen, da mir auch Kopfsprünge verboten waren.
Trotzdem schwamm ich weiter und kam durch Zufall zum Behindertensportverband Leipzig, wo ich ab sofort regelmäßig Schwimmen trainieren durfte.

Zum Goldfisch berufen

Mit wenigen lakonischen Sätzen beschreibt die Sportlerin selbst die Jahre, in denen sich die Weichen zu dem stellten, was man mit Fug und Recht als ihre Berufung bezeichnen darf. Sie schrieb diese Zeilen noch während der zweiten Hälfte der neunziger Jahre, – relativ – kurz nach ihren großen Paralympics-Erfolgen während einer Rehabilitationsphase in Berggießhübel. In dieser Zeit war sie bereits ab dem sechsten Halswirbel komplett querschnittsgelähmt und selbst über die Maßen erstaunt über das, was sie in Anbetracht dessen hatte leisten können.

Es ist bemerkenswert, dass ihr Blick auf die eigene Kindheit vollkommen auf das fokussiert ist, was ihren Werdegang programmiert. Aus ihrem Munde erfahren wir nichts über Eltern und Geschwister, nichts über etwaige Hobbys, die sie neben dem Sport noch betrieben hätte. Sie sah ihren Weg, als habe sie frühzeitig den »roten Faden« erkannt, der sich durch ihr Leben ziehen sollte. Die offensichtlich aus dem Bauch getroffene Entscheidung, auf das Abitur zu verzichten, zugunsten einer Berufsausbildung und einer Tätigkeit als Rettungsschwimmer, ist ein weiteres Indiz für eine bestechende und kaum zu überbietende Geradlinigkeit.

Die Frage *Was will ich (wirklich)?* muss sich Kay Espenhayn häufig gestellt haben und in den meisten Fällen fand sie die entsprechenden Antworten schnell und in Anbetracht ihres Alters unglaublich klar.

Als sie im Alter von zwölf Jahren den Sport aufgeben sollte, um sich mit Musik zu befassen, tat sie das zwar, doch mit blutendem Herzen. Sie entdeckte schnell, dass darin nicht ihr Weg bestand. Waldhorn und Flöte bildeten einen Ausgleich, eine Kompensation, einen Trost geradezu, aber sie hätten das Schwimmen niemals ersetzen können. Elegant vermeidet sie eine detaillierte Schilderung der Leistungssport-Bedingungen des sozialistischen Deutschland, wohl auch in dem Bewusstsein, dass diese jedem, der den Lebensweg einer solchen Schwimmerin mit Interesse verfolgte, zur Genüge bekannt oder zumindest vorstellbar sein dürften.

Kay musste indes so bald als möglich zum Sport zurückkehren, und ihre schmucklosen Schilderungen lassen gut erkennen, dass sie sich erst bei ihrer Tätigkeit als Rettungsschwimmer wieder rundum wohl fühlte.

So muss festgehalten werden, dass die Überschrift dieses Kapitels irreführend ist, denn für Kay Espenhayn gab es keine »Jahre vor dem Schwimmen«. Das Wasser war ihr Lebenselixier, ihr eigentlicher Raum, ihr wahres Element. Sie glich tatsächlich einem Fisch, sie war der *Goldfisch von Leipzig*, im unmittelbarsten Sinne des Wortes.

Nichtsdestoweniger mögen einige Beispiele aus ihrer Kindheit beziehungsweise Schulzeit an dieser Stelle einen Eindruck davon geben, wie sich ihre künftigen Qualitäten und ihre besondere Art und Weise, das Leben zu meistern, zu entwickeln begannen.

Junge oder Mädchen?
Monika Espenhayn

Liebe Kay!

Du wurdest am 1. September 1975 in die 139. Oberschule in der Knopstraße 3 eingeschult. Nachdem der trockene Vortrag durch den Direktor beendet war, gab es etwas zum Schmunzeln und ein Raunen ging durch die ganze Aula.

Du hattest je nach Witterung einen Jeans-Hosenanzug – der war damals sehr modern – und ein sommerliches Kleid. Du entschiedest Dich für das Kleid. Bei der Schulanmeldung hatte ich nicht extra darauf hingewiesen, dass Du ein Mädchen bist.

Als die Schüler der Klasse 1b aufgerufen wurden und sich in der Aula aufstellten, kamen die Jungen zuerst dran. Bis zu dem Buchstaben D der Familiennamen ging alles in Ordnung. Dann wurdest Du aufgerufen und standest in der Jungenreihe, im Kleid. Der Direktor, völlig überfordert, ging zu Dir und fragte, ob Du denn wirklich ein Mädchen wärst. Dann ging das ABC mit den Jungen weiter. Und so standest Du zwischen herausgeputzten kleinen Jungen im Sommerkleid. Der Direktor war nicht in der Lage, Dich mit einem Späßchen dann doch bei den Mädchen einzureihen.

So wurde mir bewusst, dass es vielleicht nicht so klug gewesen war, Dir nur einen Vornamen zu geben.

Du hattest es jedoch nicht so problematisch empfunden, falsch aufgerufen zu werden. Deine ganze Freude galt meiner selbst gestalteten Zuckertüte. Wir hatten eine schöne Feier mit Winklers, Deinen Patentanten Ingrid, Monika und Brigitte. Du warst ganz fröhlich und freutest Dich, endlich in die Schule gehen zu dürfen.

Erst viele Jahre später bekamst Du wieder Probleme mit Deinem Namen KAY. Und zwar solltest Du zur Musterung für die *Nationale Volksarmee* gehen …*

* (Kay Espenhayn wurde insgesamt dreimal zu einem Musterungstermin bestellt! – Anm. d. Autors)

Janovičky
Kay Espenhayn, 10. Juli 1983

Lieber Vati, liebe Mutti!

Heute nun möchte ich Euch noch einmal schreiben. Ich konnte nicht eher schreiben, da ich was mit der rechten Hand habe. Jetzt muß ich langsam schreiben. Mit meiner Hand war ich auch bei der Ärztin oben, sie sagte mir etwas, was ich aber nicht verstand. Ich glaube, es ist eine Sehnenentzündung oder so etwas ähnliches. Ich konnte eines Morgens nicht mehr zufassen, obwohl ich gar nichts gemacht habe. Na ja, nun ist das rechte Bein und die rechte Hand verbunden. Ich sehe gut aus. Könnt Ihr Euch bestimmt vorstellen. Nun weiß ich auch, wo rechts und links ist. Beim Spazieren sagte M., wir biegen rechts ab und ich bin nach links gegangen, da hatte ich aber auch schon die Hand verbunden. Seitdem merke ich es mir aber.
Ich muß nun auch mit Füller schreiben, weil mir die Hand schon wieder weh tut.
… Wir hatten hier auch schon Lagerfeuer: 1 kleines davon hatte jede Gruppe, eins selber und ein großes Lagerfeuer. Das große Lagerfeuer war vorgestern Abend. Es war sehr schön. Bei den kleinen Lagerfeuern haben wir Würste gebraten. Nun beschreibe ich Euch unseren Tagesablauf. 5 vor 7.00 Uhr werden wir geweckt. 7.00 Uhr müssen wir zum Morgensport angetreten sein. Nach dem Frühsport gehen wir waschen. Wir haben hier bloß einen Waschraum: Da waschen sich am Morgen Jungs und Mädchen zusammen. Wir machen da immer bloß Katzenwäsche und gehen irgendwann am Nachmittag waschen. Halb 8 bekommen wir dann endlich unser Frühstück.
Danach bleibt Zeit und wir machen das, was auf unserem Tagesplan steht. Halb 1 gehen wir dann Mittag essen. Danach ist Mittagspause. Wir ruhen uns dann meistens aus bzw. schlafen. Dann bleibt uns wieder Zeit. Und halb 8 bzw. 20.30 Uhr essen wir Abendbrot. Nacht-

ruhe ist dann halb 10 bzw. 22.30 Uhr. Wir sind beim Essen der 3. Durchgang und warten immer sehnsüchtig darauf. Die ersten beiden Durchgänge sind die Tschechen. Die Berliner und wir sind der 3. Wenn der erste oder zweite Durchgang zum Essen gerufen wird, bekommen wir immer Hunger. Gestern Abend hatten wir eine Disco mit den Berlinern.
Hier in dem Lager gefällt es mir sehr. Es ist hier wirklich schön. Ich möchte am liebsten hier bleiben.
Das Wetter ist auch sehr schön. Es ist warm bzw. heiß.
...
Gestern hatte ich es endlich satt, da bin ich mit ins Wasser gegangen. Der Grind ist auch abgegangen, aber es ist ganz lila geworden. Hoffentlich ist es nichts schlimmes.
...
Heute ist es hier eine Hitze, kaum zum Aushalten. Gestern Abend hat es angefangen zu regnen. Das tat mal so richtig gut, aber heute Morgen war es trotzdem so heiß. So ein Mist! ...
Wie ich schon schrieb, gefällt es mir gut hier, aber jetzt gefällt es mir noch besser, sogar sehr gut. Ich möchte gar nicht hier weg. Ich möchte am liebsten hier bleiben.
Eine Tagesfahrt und eine Halbtagesfahrt haben wir noch nicht gemacht. Wir wissen auch noch nicht, ob wir sie überhaupt machen. Ich glaube nicht, weil wir nicht wissen, ob wir den Bus bekommen. Ein Fest haben wir noch nicht gefeiert. Wir machen alle Veranstaltungen in der letzten Woche. Die kann ja heiter werden. Mal sehen. Wir haben bei der Hitze auch zu nichts Lust, aber zum Baden, vor allem, da ich jetzt wieder mit dem Bein baden darf. Das fetzt!
Nun will ich Schluß machen, da wir gleich zum Essen müssen. Füttert mein Schwein, mein Ricky-Schwein ordentlich.
Entschuldigt meine Klaue, aber die Hitze!

Viele liebe Grüße von Eurer Kay

Die Schülerin

Wie bewältigte Kay Espenhayn ihre Schulzeit? Ihre Zeugnisse weisen einen überdurchschnittlich guten Zensurenschnitt auf, der über die Jahre ziemlich konstant blieb. Man darf wohl annehmen, dass sie nicht nur begabt, sondern von Anfang an sehr ehrgeizig gewesen ist. Es fällt höchstens auf, dass ihre Sportnote fast immer eine Zwei war, was sich vielleicht aus dem Umstand erklärt, dass ihre Sehnsucht vor allem dem Schwimmen galt, während andere Sportarten ihr weniger wichtig waren.

Kay bei ihrer Einschulung

Von den jeweiligen Klassenlehrern verfasste Beurteilungen fielen etwa folgendermaßen aus:

Kay ist in ihrem Verhalten und ihren Leistungen eine vorbildliche Schülerin. Sie hat eine sehr gute Lerneinstellung und ein zügiges Arbeitstempo. Im Unterricht könnte sie etwas aktiver mitarbeiten. Innerhalb des Klassenkollektivs verhält sich Kay hilfsbereit, kameradschaftlich und diszipliniert.
  (Klasse 1/Schuljahr 1975/76)

Kays sehr gute und gute Leistungen sind auf die ständig aktive Mitarbeit und Aufmerksamkeit im Unterricht zurückzuführen. Sie arbeitet äußerst zielstrebig und kontinuierlich und ist damit ihren Mitschülern ein Vorbild.
Im Klassenkollektiv tritt Kay selbstbewußt auf und verteidigt ihre Meinung.
Als Mitglied des Blasorchesters leistet Kay eine ausgezeichnete gesellschaftliche Arbeit und übernimmt auch bereitwillig andere außerschulische Aufträge, die sie gewissenhaft erfüllt.
  (Klasse 5/Schuljahr 1979/80)

Kay ist im Laufe ihrer Schulzeit selbstbewußter und sicherer im Auftreten geworden. Sie war bestrebt, gesellschaftliche Aufträge pflichtbewußt zu erfüllen und arbeitete als DSF-Verantwortliche der FDJ-Gruppe zuverlässig und selbständig.
Ihr Vermögen, Forderungen im Kollektiv durchzusetzen, muß sie aber noch ausbauen. Ihre aufgeschlossene Art wird von den Mitschülern anerkannt, zu denen sie einen guten Kontakt hat.
Kays schulische Leistungen sind Resultat ihrer kontinuierlichen und fleißigen Arbeit. Alle Anforderungen erfüllte sie gewissenhaft und schöpfte ihr Leistungsvermögen aus. ... Die Abschlussprüfung wurde gut bestanden.
  (Klasse 10/Schuljahr 1984/85)

Selbstverständlich sind dergleichen Einschätzungen nur sehr wenig aussagekräftig und speziell auf einen bestimmten Lebensabschnitt bezogen. Darüberhinaus sagen sie noch kaum etwas über das tatsächliche und vor allem menschliche Potential einer Schülerin, deren Persönlichkeit sich vor allem durch mehrere Extremherausforderungen noch bewähren sollte.

Nichtsdestoweniger geben ihre Zeugnisse indes Auskunft darüber, wie zielgerichtet und ehrgeizig Lehrer diese besondere Schülerin einschätzten, solange sie sie pädagogisch betreuten und auf die Möglichkeiten der Zukunft vorbereiteten. Außerdem zeigen sie unverkennbar die ersten Ansätze einer klaren Orientierung Kays, die für die kommenden Jahre immer maßgeblicher wurde.

In einer Art Nachrufbrief erinnert sich eine ehemalige Klassenlehrerin wie folgt:

Kay Espenhayn - Erinnerung an eine beeindruckende Schülerin
Adelheid Käßler, Lehrerin

Kay wurde am 1. September 1975 in der 39. Polytechnischen Oberschule in Leipzig-Möckern eingeschult. Sie war eine von 27 Schülerinnen und Schülern der Klasse 1b. Zwei Jahre hatte ich das Glück, ihre Klassenlehrerin zu sein. In dieser Zeit lernte ich ihren Charakter, ihre Verhaltensweise, ihre Eigenschaften, Interessen, Fähigkeiten und Fertigkeiten ziemlich genau kennen.

Kay war ein kleines, hübsches, zierliches Mädchen, das mir schon am Tag der Einschulung auffiel. Sie war schmuck angezogen und mit ihrer Zuckertüte strahlte sie ein warmherziges Lächeln aus. Beim gemeinsamen Klassenfoto drängte sie nicht nach vorn in die erste Reihe, sondern hielt sich bescheiden zurück, war aber nicht ängstlich. Schon zu Beginn der ersten Schultage fügte sie sich sehr gut in die Klassengemeinschaft ein.

Kay war kontaktfreudig, schloss Freundschaften und fand auch zu mir schnell ein herzliches Verhältnis. Bei aller Sympathie, die wir füreinander hatten, überschritt sie nie die Grenze des Respekts oder der Autorität mir gegenüber. Sie brachte vom Elternhaus eine perfekte Erziehung mit. Man merkte, dass die Eltern sie nach Fröbels Grundsatz erzogen: »Erziehung ist Liebe und Vorbild«. Kays Eltern, besonders die Mutter, haben sich sehr für die Schule und die Leistungen ihrer Tochter interessiert und meine Arbeit in der Klasse oft unterstützt. Frau Espenhayn war Mitglied des Elternaktivs, nahm an Klassenfahrten teil und gestaltete Gruppennachmittage.

Kay war ein friedliebendes Mädchen. Sie suchte nie Streit mit anderen Schülern, im Gegenteil, häufig versuchte sie, zwei Streithähne zu beruhigen und zwischen ihnen zu schlichten. Kay war ehrgeizig. Ihre schulischen Leistungen waren sehr gut, ihre Ordnung und Gewissenhaftigkeit vorbildlich. Niemals tat sie sich hervor oder brüstete sich damit. Natürlich freute sie sich auch über Lob und Anerkennung. Das spornte sie immer neu an.

Oft half sie leistungsschwächeren Schülern oder tröstete sie und machte ihnen Mut bei Misserfolgen. Verletzte sich einmal ein Schüler in der Pause oder auf dem Hof, versuchte sie zu helfen oder Hilfe zu holen. Das Mitgefühl war bei ihr stark ausgeprägt.

Kay war wissbegierig, vielseitig interessiert und sehr kreativ. Weihnachten 1976 schenkte sie mir wunderschöne selbst gebastelte Sterne in den Farben rot, gelb, blau und weiß. Mit diesen leuchtenden Sternen schmücke ich seitdem jedes Jahr zum Christfest zwei Tannensträuße und stelle sie ins Fenster. Sie erinnern mich an die kleine Kay, der ich vor 33 Jahren als Klassenlehrerin das Lesen, Schreiben und Rechnen lehren durfte. Ich denke dann aber auch an ihren schweren und mutigen Lebensweg, an ihre bewundernswerten sportlichen Leistungen und an ihr tragisches Schicksal. Oft verweile ich auf dem Friedhof an ihrem geschmückten Grab mit der brennenden Kerze und dem leuchtend weißen Grabstein. Dann erinnere ich mich an den Satz von Irmgard Erath: »Der Tod kann dem Leben Grenzen setzen, aber niemals der Liebe und der Erinnerung.«

Die Fachschulzeit
Grit, Hendrikje und Katrin

Wir haben Kay 1986 kennen und schätzen gelernt. Von Anfang an haben wir uns gut verstanden und saßen auch in der Schule gleich nebeneinander.

Wie der Zufall es wollte, waren wir auch in der Praxisgruppe und beim Praktikum im St. Georg zusammen. Dort liebte sie es, auf die Stationen zu gehen, mit den Menschen zu reden und auf sie einzugehen. Doch Kays liebste »Zuckerrunde« ging auf die ITS und die Brandverletztenstation.

Sich vor der Arbeit zu drücken, das kannte Kay nicht.

Was sie auch besonders gemocht hat, war der Abstecher in die Pathologie und den Sektionssaal. Auch wenn es sehr interessant war, gaben sich die Mädchen der Klasse mit einem Besuch zufrieden, außer Kay. Lag es vielleicht am jungen Sektionsgehilfen?

Wir haben davon geträumt, nach Berlin-Charlottenburg zu gehen und einen Durchbruch in der AIDS-Forschung zu erzielen, aber unsere lieben Klassenkameraden wiesen uns ganz charmant zurecht, da wir ja noch eine Weile in die Schule müssten und so lange könne keiner warten. Aber Träume sollte man haben, oder?

Dass Kay das Außergewöhnliche mochte, sieht man auch, wenn man sich die Auswahl ihres Pflegepraktikumsplatzes anschaut. Wir hatten uns entschieden, auf der KTE (Knochenmarkstransplantationseinheit) zu arbeiten und zu helfen. Da dort nur sehr wenige Patienten lagen, war es doch sehr intensiv und familiär. Man kannte alle Patienten recht gut, und wenn es einer nicht »schaffte«, war es doch schon ziemlich persönlich.

Wir können schon sagen, dass Kay wie besessen von dem war, was ihr viel bedeutete, und dass sie dafür auch sehr viel Zeit investierte.

Das hat man auch daran gemerkt, wie intensiv sie ihre »Rettungsschwimmerkarriere« verfolgt hat und später das Schwimmen. Was sie dort für Erfolge erzielte, ist ja bekannt und nicht von der Hand zu weisen.

Auch war unsere Kay für jeden Spaß zu haben. So hat sie beim Besuch in der Diskothek *Eden* eine Breakdancevorführung gegeben, und beim Fasching unserer Klasse ist sie im Flatterhemd über den Laufsteg geschwebt. Dass dort noch eine Gruppe Soldaten saß, war nicht wirklich ein Hinderungsgrund.

Aber auch nach der Fachschulzeit haben wir den Kontakt nicht verloren.

Wir trafen uns regelmäßig und behielten unsere Traditionen über viele Jahre bei.

Eine der Schönsten war, dass wir bei Geburtstagen alle vier immer gemeinsam essen waren, nie ein Restaurant zweimal besuchten und so die internationale Küche erproben konnten.

Kay, wir danken dir, dass wir dich kennen lernen durften und für die schöne Zeit, die wir zusammen erlebten.

Widerstände und Herausforderungen

Die unfassbare Kraft

Bei näherer Betrachtung des Lebens der großartigen Schwimmerin drängt sich die Frage auf, ob es nicht gerade die Widerstände waren, die ihre Stärke ins Ungemessene hatten wachsen lassen. Wer sich bewusst macht, was ihr geschehen ist, wer die rasche Aufeinanderfolge der Ereignisse, die wir gewohnt sind, Schicksalsschläge zu nennen, beobachtet, kann nicht umhin, die unerschöpfliche und kaum vorstellbare Energie zu bewundern, mit der Kay Espenhayn mit ihnen umging.

Tatsächlich ist es für einen Menschen, der von sich selbst glaubt, »gesund« zu sein – die Anführungen stehen für die Relativität dieses Wortes –, fast nicht mehr nachvollziehbar, wie die unverwüstliche Sportlerin es geschafft hat, ihre hochfliegenden Träume zu verwirklichen. Um diesen Aspekt hervorzuheben, sollen einige Texte den Hürden gewidmet sein, die sie überwinden musste. Und die den paradoxen Verdacht nahelegen, sie könnten auf geheimnisvolle und sehr unlogische Weise an ihrem Erfolg beteiligt gewesen sein.

Aber lassen wir sie zuallererst wieder selbst zu Wort kommen.

Bad Soden-Allendorf
Kay Espenhayn, 13. Juli 1991

Liebe Mutti!

Vielen Dank für Deine lieben Briefe! Endlich hatte ich wieder einmal Post in meinem Postfach!!! ...
Ob ich Weihnachten nun doch zu Hause bin ohne ein Trinkgeld in der Kaffeekasse, das weiß man ja noch nicht so genau. Warte erst einmal ab. Vielleicht will mich ja die Klinik in Bad Hersfeld noch länger behalten und mich gar nicht mehr laufen lassen. ...
Und mit meiner Neurose, das ist auch ziemlich schwierig. Ich lasse sie von meinem Oberarzt pflegen. Aber dafür pflege ich dann seine Neurose. Der »liebe« Oberarzt hat auch so seine Problemchen. Am Anfang habe ich immer gedacht, daß er mich behandelt. Bei jedem Gespräch, das ich nun noch habe, habe ich allerdings das Gefühl, ihn zu behandeln. Er hat ein unheimliches Mitteilungsbedürfnis und erzählt mir so ziemlich viel von sich, aus seiner Kindheit usw. Langsam merkt man, daß er 15 Jahre in der Psychiatrie gearbeitet hat. Er versucht mich ständig zu provozieren und schafft es nicht. Das ärgert ihn, was man ihm dann auch oft noch anmerkt, obwohl er es zu verbergen sucht. Aber da hat er etwas Pech, denn er betreut auch noch eine junge Frau aus der Nähe von Eisenach. Und wir beide halten echt ganz toll zusammen, was ihm nun wieder gegen den Strich zu gehen scheint. Denn er hat versucht, uns beide mit Terminen zu versetzen, hat uns auch zu unterschiedlichen Zeiten bestellt; bloß jedes Mal saß da nicht nur eine wie geplant, sondern immer beide, und wir haben uns unterhalten und einander Mut zugesprochen. Er wollte mich und Karin provozieren, damit wir

endlich einmal aus uns herausgehen und Wut ablassen...
Am Donnerstag habe ich dann bei ihm eine Schocktherapie versucht! Ich habe ihn groß angesehen und gefragt, ob ich denn nun endlich eine Neurose hätte. Das Gesicht hätte man von ihm sehen sollen. Der hat mich blöd angesehen und grinste dann und meinte, daß ich nicht neurotischer wäre als er. Toll, nicht?! ...
Am Freitag habe ich mit dem einen Psychologen gesprochen. Erst waren Karin, ich und der Psychologe Kaffeetrinken und dann habe ich den Psychologen um seinen Feierabend gebracht. Das tat mir dann auch leid, vor allem, da es auch noch Freitag war! Mit dem kann man sich echt gut unterhalten, er ist ja auch noch ganz jung! Am Donnerstag hat es mit dem Anruf aus diesem Grunde nicht geklappt, da mich früh der Internist pitschnass im Haus aufgegabelt hat, als ich vom Schwimmen kam. Abends hat er mir dann einen Gesprächstermin gegeben. Allerdings haben wir bis 23.00 Uhr miteinander gequatscht. Da war schon lange Nachtruhe. ...

Ganz viele liebe Grüße von Deiner
Kay

Bandscheibenoperation und Deutsche Meisterschaften
Kay Espenhayn

1993 wurde ich wegen mehrerer Bandscheibenschäden an der Wirbelsäule operiert. Nach einem halben Jahr in der Klinik wurde ich endgültig mit der Diagnose komplette Querschnittslähmung ab fünftem Brustwirbel entlassen.
Zuvor hatte ich glücklicherweise mein Studium beendet und alle Prüfungen bestanden. Meine Arbeitsstelle war das Labor des Diakonissenkrankenhauses.
Nach der Entlassung aus der Klinik aber fehlte mir jegliche Bewegung, denn die Wohnung - ich lebte bei meiner Mutter - befand sich in der dritten Etage und war nur über Treppen zu erreichen. Auch war sie für den Rollstuhl zu eng. Ich konnte mich nur zwischen zwei Zimmern hin- und herbewegen. Mir fehlten die Menschen und die Bewegung.
In dieser Zeit begann ich meine Tätigkeit am Klinikum St. Georg in der Ernährungsdiagnostik der Chirurgischen Klinik.
Die Schwimmgruppe nahm mich zu den Deutschen Meisterschaften mit, damit ich unter anderem Schwimmer aus ganz Deutschland kennenlernte, die alle eine Behinderung haben und trotzdem schwimmen können.
Die Pausen zwischen den Wettkämpfen nutzten mein Trainer und ich, um zu testen, ob ich mich im Wasser halten und auch bewegen könnte. Die Sache funktionierte gut und machte mir auch sehr viel Spaß! Allerdings war ich nach fünfzig Metern total erschöpft und alles tat mir weh! Doch mein Ehrgeiz war geweckt, sodass ich unbedingt wieder schwimmen wollte und zwar viel mehr als nur fünfzig Meter.

Von Januar 1994 an wohnte ich in den eigenen vier Wänden, aber es gab trotzdem noch einige Probleme. Für einen Rollstuhlfahrer war es allemal schwierig, das Haus zu verlassen. Deshalb musste in meiner Wohnung noch einiges umgebaut werden.
Von Anfang an und immer stand es jedoch für mich fest, dass ich weiter schwimmen würde.

Verkehrsunfall und neuerliche Querschnittslähmung
Kay Espenhayn, Juli 1997

Im Dezember 1995 wurde ich zur Sportgala nach Ludwigsburg eingeladen. Auf dem Weg dorthin geriet ich unverschuldet in einen Unfall, woraufhin ich Probleme mit der Halswirbelsäule bekam.
Bis Mai 1996 verbrachte ich die Zeit in Kreischa, in der Klinik Bavaria, dem Zentrum für Querschnittsgelähmte. Diese Zeit tat mir außerordentlich gut und ich lernte auch besser, mit dem Rollstuhl umzugehen und kleine Hindernisse zu bewältigen, die mir bislang stark zu schaffen gemacht hatten.
Die Physiotherapie war sehr förderlich. Einmal am Tag durften wir im Kraftraum trainieren, um zu sehen, was sich noch willentlich bewegen ließ. Insgesamt versuchte ich meine Muskulatur bestmöglich aufzubauen und fing auch schon ganz langsam wieder mit dem Schwimmen und dem Training an.
Man entließ mich mit einer kompletten Querschnittslähmung ab dem sechsten Halswirbel.

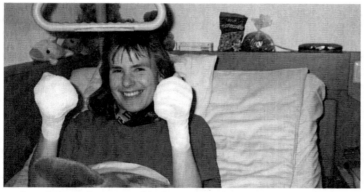

Auch nach dem schweren Unfall 1995 verlor Kay Espenhayn ihren Lebensmut nicht.

Kay Espenhayn glaubt nach langer Ungewissheit an Atlanta
Frank Schober, LVZ, 3. Mai 1996

Monatelang lebte Kay Espenhayn in der Rehaklinik in Kreischa zwischen Hoffen und Bangen. Inzwischen überwiegt die Hoffnung. Heute und morgen startet die Schwimmerin vom Behindertensportverband Leipzig in der heimischen Uni-Schwimmhalle Mainzer Straße bei den offenen deutschen Titelkämpfen, die die einzige Qualifikationsmöglichkeit für die Paralympics im August in Atlanta sind. Noch vor wenigen Wochen war an ihre Teilnahme jedoch nicht zu denken.

Dabei hatte alles im vergangenen Herbst noch rosig ausgesehen. Bei den Europameisterschaften im französischen Perpignan feierte der Schützling von Hanno Mertens mit vier Titeln einen kometenhaften Aufstieg. Atlanta schien greifbar nahe, ihre Weltrekorde weckten gar Hoffnungen auf Paralympics-Gold. Doch ausgerechnet die ARD-Sportgala in Ludwigsburg wurde Anfang Dezember zum schmerzlichen Wendepunkt. Im Taxi wurde die querschnittsgelähmte Sportlerin durch einen Auffahrunfall so durchgerüttelt, dass ihr noch am Abend schlecht wurde. Ihr Zustand verschlimmerte sich in den Tagen danach. »Schließlich konnte ich die Arme nicht mehr bewegen«, erinnert sie sich.

Fünf Monate lang lag sie in Kreischa. Fortschritte stellten sich nur langsam ein, die Hände sind noch heute nicht voll bewegungsfähig. »Aber die Ärzte sagen, ich soll mit den Fortschritten zufrieden sein.«

Im März, als sich die Konkurrenz längst seit Monaten auf die Paralympics vorbereitete, begann Kay wieder mit dem Reha-Schwimmen, doch insgeheim nannte sie es Training. Erst seit zwei Wochen ist sie wieder zu Hause, seitdem war sie fast täglich in der Schwimmhalle. »Ich habe ein enormes Defizit, werde wohl auf allen Strecken zehn Sekunden langsamer sein als vergangenes Jahr. Hoffentlich bekomme ich dennoch eine Atlanta-Chance«, so die 28jährige. Hanno Mertens versucht sie indes zu bremsen. »Gesundheit vor Leistung« lautet sein Motto, wohl wissend, dass sich Kay nur fit und gesund fühlen wird, wenn sie ihren Sport und Erfolgserlebnisse nicht missen muss. Seit dieser Woche hat sie mit einem zusätzlichen Problem zu kämpfen. Nach einer Erkältung hat sie die Stimme fast völlig verloren, dennoch steht für sie fest: »Ich schwimme.«

Neben Kay Espenhayn besitzen auch der DM-Mitorganisator und Barcelona-Sieger Geert Jährig sowie Thomas Grimm, Christian Goldbach und Uwe Köhler Chancen auf Atlanta, wo bislang nur 28 deutsche Schwimmer zugelassen sind. Bei je zwölf Schadensklassen bei Männern und Frauen ist dies nicht viel. Die Nominierungskommission steht vor keiner leichten Aufgabe.

Leipziger Paralympics-Schwimmer machen sich für Atlanta warm
Julia Schaaffkamp, LVZ, Juli 1996

Sie erleben Olympia doppelt: Jetzt daheim und dann ab Mitte August als Teilnehmer an den Paralympics in Atlanta. Zur Zeit bereiten sich die Leipziger Schwimmer Kay Espenhayn, Uwe Köhler und Geert Jährig sowie Thomas Grimm aus Grimma und Maria Götze aus Chemnitz im Leipziger Schwimmstadion vor. Am 12. August geht's los, bis dahin ist jeden Morgen um acht Uhr erstes Training angesagt. Zu früh, um in der Nacht die Schwimmwettkämpfe in Atlanta live zu verfolgen.

Trotzdem erlag Kay Espenhayn schon der Versuchung. »Mich interessieren nicht nur die Wettkämpfe, sondern auch das Drumherum«, erzählt sie. Die querschnittsgelähmte Sportlerin versucht via Mattscheibe zu erspähen, ob es problemlos möglich ist, mit dem Rollstuhl bis an den Beckenrand zu kommen oder ob es Rampen an den Eingängen zum Schwimmstadion gibt. Bisher hat sie das nicht rausgekriegt. Für die Europameisterin und Weltrekordhalterin über 100 m Freistil sind die Paralympics ein Traumziel – auf das sie mit gemischten Gefühlen schaut: »Ich darf gar nicht daran denken, wie gut ich letztes Jahr drauf war.« Gut drauf heißt: Die 27jährige konnte ihre Arme normal bewegen und war im Wasser gut 10 Sekunden schneller als heute. Ein Verkehrsunfall im letzten Dezember war dazwischen gekommen, verursachte eine teilweise Lähmung der Arme. Trotz verschärften Ausdauertrainings wird sie ihre Bestzeit wohl nicht erreichen. »Chancen gäbe es nur noch, wenn sie mich in eine andere Schadensklasse einstufen«, so Kay Espenhayn. Die Schwimmerin soll jetzt nur noch mit Halskrause ins Wasser, aber das unförmige Ding aus Plastik ist nicht sehr stabil. »Im Trainingslager habe ich es zweimal kleingekriegt«, erzählt die junge Frau.

Geert Jährig fährt als zweifacher Olympiasieger nach Atlanta, er gewann 1992 in seiner Schadensklasse über 100 m Rücken und mit der Lagenstaffel. Der 29jährige rechnet heuer nicht damit, dass er seine Titel verteidigt, wegen einer Schulterverletzung trainiert er nur mit halber Kraft. Auch Uwe Köhler war schon in Barcelona dabei. Für den 37jährigen Kurzstreckenspezialisten wird es wohl der letzte große internationale Auftritt sein.

Verärgert ist Jährig darüber, »dass wir behinderten Schwimmer immer noch vergessen werden«. Bei der Planung von Trainingszeiten zum Beispiel. Es hat aber auch seine Vorzüge, persönlich nicht so in der Öffentlichkeit zu stehen, meint Thomas Grimm. Es gäbe keinen so großen Druck, unbedingt Gold zu gewinnen. Was um Franziska van Almsick betrieben wurde, geht dem 22jährigen »ganz schön auf den Keks«. Weniger stören die Paralympics-Starter die Meldungen um die chaotischen Transportverhältnisse in Atlanta. Vielleicht, weil sie als Behinderte da einiges gewöhnt sind, öfter mal bei großen Wettbewerben einfach stehengelassen werden. Aber ihre Unterkunft bei Olympia soll laut Veranstalter nur 300 m vom Schwimmstadion entfernt sein.

Lieber knapp als haushoch gewinnen
Julia Schaaffkamp, LVZ, 16. August 1996

… Bei ihr sei in diesem Jahr der Wurm drin, sagt Kay Espenhayn, »Gesund war ich ja nicht!« Die vierfache Europameisterin schwimmt in Atlanta trotz einer Halswirbelblockierung mit. Auch intensive physiotherapeutische Betreuung konnte die Blockierung nicht beseitigen. Ob es je wieder geht – diesen Gedanken verschiebt Kay Espenhayn auf die Zeit nach den Spielen.

Aufgrund eines behutsamen Trainingsprogramms ist sie in den letzten zwei Wochen wieder in die Nähe ihrer Spitzenzeiten von 1995 gekommen.

Dabei hat die 27jährige noch nicht »das Letzte aus sich herausgeholt. Das hat der Trainer zu verhindern gewusst – und eigentlich ist die Schwimmerin ihm für die Bremse dankbar. Nun hofft Hanno Mertens, der nicht mit über den großen Teich geflogen ist, dass sie sich nicht übernimmt. Startet sie doch über mehrere Kurzstrecken, 100 und 200 m Freistil und 150 m Lagen.

»Ich fühle mich fit«, kommentiert Kay Espenhayn. Ob sie auf ihrer Weltrekordstrecke über 100 m Freistil auf einem Medaillenplatz landen kann, weiß sie nicht einzuschätzen, »Ich kenne doch die Starterinnen aus den anderen Teilen der Welt nicht«. Aber sie erwartet harte Konkurrenz und freut sich drauf. Es könnte aber sein, dass sie wegen einer verstärkten Lähmung der Arme seit der EM 1995 in eine höhere Schadensklasse eingestuft wird. Das hält Kay Espenhayn allerdings nicht für erstrebenswert. »Ich will doch nicht meilenweit vornewegschwimmen und haushoch gewinnen«, so die verblüffende Erklärung der Behinderten.

…

Auf Gold-Flut folgt Suche nach behindertengerechter Wohnung
Interview: Frank Schober, LVZ, 30. August 1996

Leipzig. Am Dienstagabend kehrte die dreifache Paralympics-Siegerin Kay Espenhayn aus Atlanta zurück. Seitdem steht ihr Telefon kaum still. Fernsehteams geben sich die Klinke in die Hand. Die Schwimmerin des Behindertensportvereins Leipzig erhielt zahlreiche Einladungen: in die MDR-Sportarena, zum Tag der Sachsen, zum Fest »40 Jahre Zentralstadion«. Im ganzen Rummel fand die 28jährige dennoch Zeit zum Interview mit unserer Zeitung.

F. S.: Hatten Sie mit solch einem Empfang gerechnet?

K. E.: Ich hätte nie geglaubt, dass so viele Leute Anteil nehmen. Die Fernseh-Interviews sind für mich ein Lernprozess, nachdem ich bisher zu Medien – mit Ausnahme Ihrer Zeitung – kaum Kontakt hatte. Ich stehe gar nicht so gern im Mittelpunkt, nehme aber jede Einladung an, weil der Behindertensport ansonsten ja sehr stiefmütterlich behandelt wird.

Persönlich ist mir erst einmal wichtig, eine neue Wohnung zu finden. Denn meine ist überhaupt nicht behindertengerecht.

F. S.: Ihre nichtbehinderten Olympia-Kollegen sahen Atlanta sehr kritisch. Nahmen Sie ähnliche Eindrücke mit nach Hause?

K. E.: Dass einiges chaotisch läuft, sind wir gewöhnt. Die Wettkämpfe waren sehr gut organisiert, auch die Stimmung war spitze. Dafür fand ich die vielen Disqualifikationen skandalös. Unterkunft und Essen waren leider schlecht, ein Berg im Olympischen Dorf machte uns Rolli-Fahrern das Leben schwer. Beim Einkaufsbummel war ich jedoch über die Bedingungen für Behinderte angenehm überrascht.

F. S.: Welche Ihrer sechs Medaillen hat den höchsten Stellenwert?

K. E.: Schwer zu sagen. Die Goldene über 150 m Lagen war die erste für Deutschland – und für mich kam sie völlig überraschend. Stolz bin ich auch über Bronze im Brustschwimmen, denn das ist nicht meine Lage. Trotz meines Trainingsrückstandes wegen eines Autounfalls im Dezember und diversen Erkrankungen konnte ich die 200 m Freistil gewinnen. Dabei hatte mich mein Trainer Hanno Mertens noch vor zu hohen Erwartungen gewarnt, weil mir die Kondition fehlte. Dagegen ärgere ich mich über Silber auf den kurzen Freistilstrecken. Da habe ich Gold im Kopf verpasst, ich wollte zuviel. Bei den 100 Metern habe ich mich zum Beispiel an der Wende verschluckt.

F. S.: Woher nahmen Sie die Kraft, sogar noch Weltrekord zu schwimmen?

K. E.: Ich weiß es selbst nicht. Vielleicht lag es an der einzigartigen Atmosphäre. Ich war wahnsinnig aufgeregt, kurz vor dem Finale war mir jeweils richtig schlecht.

F. S.: Die Ergebnisübermittlung war sehr widersprüchlich. Waren Sie nun die erfolgreichste Teilnehmerin?

K. E.: Von den Einzelsiegen her ja. Ich erhielt sogar einen Orden der Europäischen Union als erfolgreichste Frau.

F. S.: Stimmt es, dass unter Behinderten besonders viel Neid herrscht?

K. E.: Das finde ich nicht, auch wenn es sicher unterschiedlich ist. Das deutsche Team hielt gut zusammen, gerade, als es Disqualifikationen hagelte. In meiner Schadensklasse empfand ich das Verhältnis als besonders herzlich – egal, ob zur Dänin, Japanerin oder Britin.

F. S.: Voriges Jahr gewann Rollstuhl-Leichtathletin Marianne Buggenhagen die ARD-Sport-Eins. Könnten Sie sich vorstellen, diesmal die Behinderten ganz vorn zu vertreten?

K. E.: Von mir aus würde ich diesen Anspruch nie erheben. Ich denke, dass Marianne wieder eine vordere Rolle spielt. Sie ist seit Jahren die Behindertensportlerin schlechthin, für mich eine echte Persönlichkeit.

F. S.: Glauben Sie, dass sich an der Situation der Behinderten durch die Paralympics etwas ändert?

K. E.: Zumindest haben viele mitbekommen, wie ernsthaft wir unseren Sport betreiben. Ich hoffe, dass sich die Organisation des Behindertensports verbessert und wir nicht mehr so oft vergessen werden am Olympiastützpunkt. Die vielen Schadensklassen werden wohl bleiben. Wenn man sie zusammenfasst, würde es für viele noch ungerechter. Statt zu reduzieren, sollte man die Leute lieber besser über die Schadensklassen informieren.

Kartengruß aus Atlanta
Kay Espenhayn, 15. August 1996

Liebe Mutti, liebe Grit!

Gleich muss ich die letzte freie Zeit nutzen, um zu schreiben. Die letzte Trainingseinheit haben wir nun hinter uns und morgen geht es mit den WM-Kämpfen richtig los! Wir wohnen genau gegenüber dem Schwimmstadion. So fallen wir nur aus unserem Haus und sind da! Busfahrten sind hier chaotisch! Das Olympiadorf ist auch nicht rolligerecht. Es gibt zwar keine Treppen und Stufen (gibt es schon, aber selten), aber dafür sind alle Schrägen nicht befahrbar, weil sie zu steil sind! Man braucht immer Hilfe! Das Essen ist furchtbar! (Typisch Ami!) Mit dem Wetter hatten wir bis jetzt Glück, es war noch nicht ganz so heiß. ...

Tschüss von Eurer
Kay

Erstaunen
Kay Espenhayn

Der körperliche Zustand, den ich jetzt trotz Querschnittslähmung erreicht habe, habe ich unter anderem dem Sport zu verdanken. Man staunt, wozu man in der Lage ist und was man zu leisten vermag.

Kay Espenhayns Märchen: Von der »Pech-Marie« zur »Gold-Marie«
Martin Kloth, dpa; aus: BiS - September 1996

Atlanta (dpa). Atlanta ist für Kay Espenhayn wie ein Märchen. Aus der »Pech-Marie« wurde eine »Gold-Marie«. Mit der großen und schweren Goldmedaille um den Hals war die Schwimmerin aus Leipzig von ihrem Erfolg über 150-m-Lagen am Samstag überwältigt. »Das ist eigenartig. Ich hatte damit nicht gerechnet, auch mit dem Weltrekord nicht. Ich wollte nur in den Endlauf«, sagte die erste deutsche Siegerin bei den 10. Paralympics, die den Weltrekord im Vorlauf über 150-m-Lagen um rund zehn Sekunden auf 2:56,98 Minuten verbessert hatte, sichtlich bewegt.

Kein Wunder, hatte ihr eine Pechsträne das Training seit Dezember vorigen Jahres doch fast unmöglich gemacht.

Die attraktive junge Frau, die am 20. August 28 Jahre alt wurde, zieht das Pech an wie das Licht Motten. »Immer, wenn es was gibt, rufe ich hier«, sagte sie und lachte unbeschwert. Alles begann für die frühere Sportgymnastin 1993 mit einem zu spät operierten Bandscheibenvorfall, der eine Entzündung bis zum fünften Brustwirbel zur Folge hatte. Seither ist sie querschnittsgelähmt. Im Dezember 1995 war sie in einen Verkehrsunfall verwickelt (»Da ist uns einer reingefahren.«) und lag bis Mai im Krankenhaus. »Durch den Unfall ist die Lähmung nach oben gestiegen«, erzählte die gelernte medizinisch-technische Assistentin.

Doch die Missgeschicke rissen nicht ab. Seit geraumer Zeit plagt sie sich mit einem verdrehten Halswirbel (»Wahrscheinlich habe ich mich verlegen. Das lässt sich hoffentlich wieder reparieren.«), war vor den Paralympics von einer Erkältung drei Wochen außer Gefecht gesetzt und im Juni brannte ihre Trainingshalle in Leipzig ab. »Das kam auch noch dazu«, erzählte sie.

Selbst in Atlanta blieb sie nicht verschont. Zwei Tage vor ihrem Goldmedaillen-Gewinn stieß sie im Training mit einem anderen Schwimmer zusammen und bekam so einen Hieb auf ihren verdrehten Halswirbel. »Die anderen haben das gar nicht so mitbekommen. Die haben gelästert: Ist das Wasser so kalt, dass du schon wieder rauskommst? Ein Glück, dass ich meine Halsmanschette getragen habe, sonst hätte es bestimmt böse ausgesehen«, meinte sie.

Was für eine Frau!
U. Sickenberger, BILD, 13. Dezember 1996

Ein Satz. Hart. Unerbittlich. »Was wollen Sie als Querschnittsgelähmte denn noch alles haben?«

Der Satz einer Krankenschwester, der wehtat – und das Leben einer jungen Frau völlig veränderte.

Kay Espenhayn (28) wusste jetzt: »Ich sitze für immer im Rollstuhl.«

Bis dahin hatte der Sport ihrem Leben Inhalt gegeben, Rhythmus. Tägliches Training. Rhythmische Sportgymnastik. Hochleistung. »Alle meine Gelenke waren überbeweglich, auch die Wirbelsäule.«

März 1993: Bandscheibenvorfall! Kay wird operiert. Sechs Monate Klinik. …

Kay: »Anfangs war auch ich geschockt. Aber an Selbstmord habe ich nie gedacht. Da hänge ich einfach zu sehr am Leben.« Sie sagte JA dazu.

Freude am Leben! Ihre blauen Augen, die sich bei jedem Wort strahlend dazu bekennen. Die drauf aufmerksam machen: Seht her, ich bin's, Kay! Wer mit ihr zusammentrifft, vergisst den Rollstuhl. Bis man an die Hindernisse in ihrem Alltag stößt.

Die Zweizimmerwohnung im Leipziger Stadtteil Möckern ist nicht behindertengerecht: 5. Stock, Bad und Küche viel zu eng. Zuletzt fiel der Aufzug wegen Reparatur mehrere Wochen aus.

Kay klagt nicht. Sie hat gelernt zu kämpfen. Der Sport hat sie längst wieder – und ihr neues Leben vergoldet.

Paralympics in Atlanta, Olympia für Behinderte: Kay für Deutschland! Drei Goldmedaillen fischt sie sich, schwimmt zudem noch zu Silber (2) und einmal Bronze. Was für eine Frau…

Uni-Klinik Leipzig: Seit Ende November kämpft Kay hier gegen eine schwere Nierenbecken-Entzündung. »Ich schaff's schon wieder.«

Thomas Gottschalk hatte sie zuletzt zu »Wetten, dass…« (mit Gorbatschow) eingeladen. Das schaffte sie nicht. Auch das Weihnachtsfest wird sie höchstwahrscheinlich im Krankenhaus verbringen müssen.

Aber zum Leipziger Hallen-Masters (05.01.) will sie unbedingt. Wo die Fußballer vom FC Sachsen einen 10000-Mark-Scheck für sie bereithalten. Trainer und Spieler haben dafür Base-Caps verkauft. Ihr Beitrag, um Kay bei der Suche nach einer neuen behindertengerechten Wohnung zu helfen. Kay: »Ich möchte mich bei allen so gerne persönlich bedanken.«

Wetten, dass es klappt…

Die »Problemwohnung«

Mehrere Jahre lang wohnte Kay Espenhayn in dem ganz und gar nicht für behinderte Mieter ausgerichteten Haus Hans-Beimler-Straße 1 im Norden Leipzigs. Erst durch ihre stärkere Präsenz in der Öffentlichkeit und mit Hilfe einiger Förderer wurde sie in die Lage versetzt, diesen Zustand zu verändern. Um eine Vorstellung zu geben, mit welchen Widrigkeiten sie bis dahin jedoch zu kämpfen hatte, sei an dieser Stelle der Ausschnitt aus einem ihrer Briefe eingefügt, den sie zwischen Weihnachten 1993 und Neujahr 1994 an ihre Mutter schrieb, die während jener Tage im baden-württembergischen Winterbach weilte.

Liebe Mutti!
Kay Espenhayn, 28. Dezember 1993

... Dorothea war nun am Dienstag den ganzen Tag fast da. Wir haben wieder einmal abgewaschen und zwar Gläser, Teeservice usw. Jetzt habe ich in der Küche alles schon verstaut. Dorothea hat auch gleich Mittagessen mitgebracht. Da haben wir es uns gemütlich gemacht! Die Küche ist nun i. O.! Ich habe einen »tollen« Kühlschrank. Der funktioniert sich von selbst zum Gefrierschrank um. Gestern war fast alles gefroren darin. Da mußte das kleine Schweinchen mit dem Fressen noch etwas warten...
Der Miele-Schmidt war auch da. Er kam später, als er mir am Telefon gesagt hatte und ich hatte schon gar nicht mehr damit gerechnet. Aber ihm hatten sie versucht, in der Nacht das Auto zu klauen und hatten es total demoliert, weil sie nicht reingekommen sind. Nun hatte er eigentlich nur Laufereien mit Polizei, Versicherung und Leihwagen. Er hatte dann noch die Küche ausgemessen und will auf dem Computer uns einige Vorschläge erarbeiten und sie mir dann zeigen. Allerdings wird es schwierig in der einzigen Küche, weil man fast keine Original-Möbel nehmen kann. Man muß fast alles selber bauen. Er hatte schon ein paar vernünftige Vorschläge gemacht,

die ich mir im Moment noch nicht so richtig vorstellen kann! Er war auch etwas entsetzt über die vorsintflutliche alte Küche!
In dem Haus wohnen doch viele Blödmänner und -frauen. Das hast Du ja schon am Montag feststellen dürfen! Die Fahrstuhltür wird nie richtig zugemacht, also kann ich ewig auf den Fahrstuhl warten. Er kommt nie! Dann schließen die ab 18.00 Uhr die Haustür richtig zu, so daß ich über die Sprechanlage die Tür nicht mehr aufbekomme. Gestern der Transport kam auch nicht rein. Ich kann sie ja nun auch nicht aufschließen. Die sind total bescheuert, vor allem, da man ja ins Haus eh nicht reinkommt, durch den Knauf! Ich verstehe das nicht!!
Mit der Rampe, wenn man durch den Keller fährt, habe ich auch Schwierigkeiten, die ist so steil, daß der Rollstuhl kippt. Mit dem Kinderrollstuhl ging es so einigermaßen, aber der kippte auch nicht so schnell. Das wird noch ein Spaß! Ab 10.00 Uhr bzw. 22.00 Uhr stellen die hier die Heizung aus, da wird es kalt! Lustig?! Ansonsten klappt eigentlich alles prima! ...

Sei ganz lieb gegrüßt von Deiner Kay

Die Wohnung am Mückenschlösschen

Erst im Mai 1998 ist es der Schwimmerin gelungen, eine neue und rollstuhlgerechte Wohnung zu beziehen. Nach längerem Klinikaufenthalt samt Rehamaßnahmen war sie überglücklich, dass sich ihr lange gehegter Traum endlich erfüllte. Die Leipziger Wohnungsbaugesellschaft LWB war für sie aktiv geworden und für eine entsprechende Spende des Fußballvereins FC Sachsen kaufte sie sich eine ebenfalls behindertengerechte Küche. Über die somit eingetretenen Erleichterungen war sie außerordentlich glücklich und ihr nächstes Ziel hatte sie längst angepeilt: Sydney 2000. So großartig wie dieser Traum ihr auch erschien, so viele Stolpersteine lagen auch zwischen seiner Erfüllung und dem, was sie bereits in Atlanta erreicht hatte. Einen Eindruck davon geben die folgenden Beiträge.

Eine Gewinnerin konnte nicht kommen – sie wurde morgens operiert
BILD, 19. März 1997

Kurz vor der Feier die traurige Nachricht: Osgar-Gewinnerin Kay Espenhayn (28) musste sich noch am Vormittag in der Bavaria-Klinik in Kreischa einer Notoperation unterziehen.

Die querschnittsgelähmte Schwimmerin wurde an der Hüfte* operiert, wird bis zum 10. April in der Klinik bleiben müssen.

Ein Arzt: »Bis dahin haben wir Frau Espenhayn aus gesundheitlichen Gründen Bettruhe verordnet.«

Erst vor drei Tagen wurde sie zu Sachsens Sportlerin des Jahres gewählt.

Die sympathische Leipzigerin: »Schade, ich hätte so gerne den Preis persönlich entgegengenommen, bedanke mich aber ganz herzlich und grüße alle von hier aus. Ich hoffe, nach dem 10. April wieder trainieren zu können.«

Viel Applaus auch für die anderen Gewinner, die von Star-Moderatorin Carmen Nebel galant vorgestellt wurden. BILD-Leipzig-Chef Claus-Peter Bruns überreichte den Preisträgern die begehrten Osgars. Erster Gewinner: Schauspieler Fred Delmare. Besonders herzlich wurde der kleine Matthias Erdmann vom Publikum begrüßt. Dann kommt die kleine Franziska (9) auf die Bühne – ihr hatte er das Leben gerettet. Sie nehmen sich in die Arme. »Ich freu' mich so für dich«, sagt sie.

Dritter Preisträger: Polizeipräsident Helmut Lunau.

Umjubelter letzter Gewinner: Star-Moderator und bekennender Leipziger Kai Pflaume.

Training darf nicht mehr als eine Nebensache sein
Holger Ostermeyer, SZ, 23. April 1997

Gleichmäßig gleitet das schwarze Gewicht auf den Chromstangen hoch und wieder runter – hoch und runter – tausend Mal in einer Stunde. Viel mehr als diese pfundschweren Eisenpakete ist in diesem Moment nicht in Sichtweite von Kay Espenhayn.

Ihre ausgestreckten Arme schlagen den entgegengesetzten Takt des Gewichts – runter und hoch und wieder runter. Die 28jährige sitzt aufrecht da, mit Blick auf eine fensterlose Wand. An den um ihre Handgelenke geschlungenen Manschetten ist jeweils eine Schnur eingehängt,

---

* Zu jenem Zeitpunkt ging es nicht um eine Hüftoperation, sondern um Kays schlechten Gesundheitszustand insgesamt. – *Anm. M. Espenhayn.*

die über eine Umlenkrolle die zwei Kilo auf- und ab bewegt.

»Nein, Rückenmuskeln habe ich eigentlich keine mehr«, antwortet die Leipzigerin, wenn es um den Sinn dieser Trainingsübung geht. Die Frage nach der für Schwimmer eigentlich wichtigen Rückenmuskulatur ist nicht das erste und einzige Fettnäpfchen, in das derjenige stolpert, der zum erstenmal mit Kay Espenhayn spricht.

Die sympathische Leipzigerin hält den Weltrekord im 150-Meter-Lagenschwimmen. Wenn die junge Athletin mit der Igelfrisur die Gewichte auf- und abfahren lässt, sitzt sie im Fitnessraum der Kreischaer Bavaria-Rehaklinik und dort in einem Rollstuhl.

… Ihre außergewöhnlichen Leistungen als Sportlerin sind ihr auf den ersten Blick nicht anzusehen. Zu zierlich erscheint sie in dem etwas zu groß geratenen Trikot. Ihre schmalen Beine und die aneinandergedrückten Füße könnten einer japanischen Geisha gehören. Doch nicht ein Schönheitsideal ließen Beine und Füße so fein und zerbrechlich werden, sondern die Querschnittslähmung, die ihre Muskeln zur Tatenlosigkeit verdammte.

Auch deshalb kennt Kay Espenhayn die langen Gänge der Kreischaer Klinik bereits seit 1994, als sie zum ersten Mal über die mit unzähligen »B« für »Bavaria« verzierten Teppiche gerollt ist. »Der ist hier immer noch so neu, dass er den Rolle in eine Richtung drängt«, erklärt die 28jährige entschuldigend, als ihr Vehikel einmal kurz nach rechts in Richtung Wand abdriftet. Die Teppichfasern stehen an einigen Stellen so aufrecht, dass sie den Schwung der von Hand angeschobenen Räder bremsen und so die Schlangenlinien des Rollstuhles provozieren.

Von den Schwierigkeiten, mit denen sie tagtäglich kämpfen muss, spricht Kay Espenhayn aber meist nur, wenn sie darauf angesprochen wird. Das Wort »Behinderte« fällt aber dabei nicht. »Ich konnte schon früher nicht ruhig sitzen«, erzählt die Leipzigerin. Und dann die Querschnittslähmung nach einer Bandscheibenoperation. Schnell merkte sie, dass sie ihren Bewegungsdrang am Besten im Wasser ausleben konnte.

Der Schritt zur Wettkampfschwimmerin ließ nicht lange auf sich warten: »Ich merkte, dass sich meine Zeiten von Mal zu Mal verbesserten«. Schon 1994 nahm sie an den Deutschen Meisterschaften für Behinderte teil. Trainiert hat sie dafür auch in Kreischa. Doch das muss und darf nur rein zufällig geschehen. Denn weder ihre Krankenkasse noch die Reha-Klinik kommen dafür auf, dass sich die Schwimmerin auf sportliche Höchstleistungen vorbereitet.

Medizin und Ärzte sind ohnehin nicht aus dem Leben von Querschnittsgelähmten wegzudenken. Mit dem Ausfall der Nervenbahnen des Rückenmarks sind einige schwere Komplikationen verbunden, die ständiger Aufsicht bedürfen. Kay Espenhayn, die ab den Halswirbeln gelähmt ist, muss so einmal jährlich zum mehrere Wochen umfassenden Gesundheitscheck.*

Seit es sie gibt, kommt sie dazu in die Kreischaer Klinik. »Ich weiß, was ich hier habe und die Leute kennen mich.« Für Kay Espenhayn gibt es da keine Alternative – und da meint sie eben nicht nur die sich für sie nebenbei ergebenden Trainingsmöglichkeiten.

Die kann die Schwimmerin bei ihrem diesjährigen Kreischa-Aufenthalt aber nicht voll nutzen. Nach einer Operation der Nieren ist für sie das Schwimmbecken vorerst tabu. Sie geht aber mindestens einmal am Tag von ihrem Zimmer im ersten Stock hoch unters Dach von Haus 2 der Rehaklinik. Hier, mit Blick über mächtige Bäume herunter zum Kreischaer Ortszentrum, stehen Trainingsgeräte, die jedem Fitness-Studio alle Ehre machen würden.

Aber auch dabei geht sie nicht aufs Ganze. Die zwei Kilo, die Kay Espenhayn immer wieder hoch- und runtergleiten lässt, helfen ihr nur, die Kraft von Atlanta zu erhalten.

»Ohne die Hoffnung würde es böse aussehen« – Dreifache Paralympics-Siegerin Kay Espenhayn wird seit mehr als einem Jahr in verschiedenen Kliniken behandelt
Interview: Frank Schober, LVZ, 26. Februar 1998

Berggießhübel. 1996 holte sie in Atlanta dreimal Gold bei den Paralympics. Anschließend wurde sie zu Sachsens »Sportlerin des Jahres« gewählt. Doch seit November 1996 ist Kay Espenhayn vom Behindertensportverein Leipzig gesundheitlich schwer angeschlagen. Vor allem wegen einer Niereninfektion, aber auch wegen ihrer Querschnittslähmung und Spasmen ist sie seither ununterbrochen in Behandlung, derzeit in der Rehaklinik Berggießhübel bei Pirna. Unsere Zeitung erkundigte sich bei der 29jährigen nach dem Befinden.

Wie geht es Ihnen?

Es ist nicht die Welt. Zum Glück habe ich keine akute Nierenbeckenentzündung mehr, aber eine chronische. Besser als vor einem Jahr ist es zwar, aber manchmal fühle ich mich schlapp oder habe Kopfschmerzen. Vor allem ist es nicht leicht, dass ich schon über ein Jahr nicht zu Hause war. Ich weiß gar nicht mehr, wie Leipzig aussieht.

Welchen Kontakt zum Sport haben Sie derzeit?

Mein Trainer Hanno Mertens ruft mich regelmäßig an. Und unser Vereinsvorsitzender Wolfram Sperling hat mich zum Geburtstag besucht. Zu meinen Vereinskameraden ist der Kontakt

---

* Hier liegt ein Missverständnis vor, denn es handelte sich um das Aufbautraining nach der Rehabilitation und nicht um einen Gesundheitscheck. – *Anm. M. Espenhayn.*

etwas eingeschlafen. Es ist für mich schwierig zu schreiben, weil mir noch immer die Fingerfertigkeit fehlt. Ich versuche mich ab und zu beim Korbflechten und Malen. Das macht Spaß und man sieht ein Ergebnis. Das ist unheimlich wichtig.

Können Sie derzeit überhaupt trainieren?

Zur Behandlung gehört Physiotherapie und etwas Armkrafttraining.

Ist auch an Schwimmen zu denken?

In Kreischa war ich einige Male im Wasser und auch hier ab und zu im kleinen Becken. Aber ich habe dann schnell gefroren. Derzeit gehe ich nicht mal baden. Mir tut es zu sehr weh, einfach nur sinnlos in der Wanne rumzuliegen, statt mich zu bewegen. Außerdem zieht es überall. Da wäre das Risiko zu groß. Mein Arzt sagt, wenn er mich derzeit ins Schwimmbad ließe, könne ich auch aus dem fünften Stock springen. Aber ich hoffe, dass es nur noch eine Frage der Zeit ist, bis ich wieder ins Wasser kann.

Sie hoffen auch auf eine Rückkehr zum normalen Training?

Ja. Wenn mir diese Hoffnung nicht bliebe, sähe es ganz böse aus. Mein Traum ist und bleibt Sydney 2000.

Derzeit finden wieder Sportbälle statt. Was empfinden Sie, wenn sie ein Jahr zurückblicken?

Ich fand den Rummel übertrieben. Bloß weil ich dreimal Gold geholt hatte, musste ich überall präsent sein. Ich habe aber mitgemacht, damit der Behindertensport mehr Beachtung bekommt. Ehrlich gesagt habe ich es auch genossen, weil ich viele Leute kennengelernt habe. Ich wusste aber schon vor einem Jahr, dass alles vorbei ist, wenn es ruhiger um mich wird. Deshalb trifft es mich jetzt nicht so. Und ein bissel bin ich auch froh, dass sich die Medien nicht so um mich kümmern. Wenn es überall hieße ‚Die Arme…' – das fänd' ich nicht gut.«

Die Entscheidung

Die Stärke, die von der großartigen Schwimmerin ausging, hing offensichtlich mit der Entscheidung zusammen, die sie mehrmals in ihrem Leben, aber ganz besonders angesichts all der Widerstände traf, mit denen sie zu kämpfen hatte. Allem Anschein nach gab es zu keiner Zeit ihres Lebens etwas, was sie von ihrem Weg hätte abbringen können. Sie kapitulierte vor keiner medizinischen Diagnose, vor keiner sportlichen Herausforderung und erst recht nicht vor den gutgemeinten Ratschlägen besorgter Mitstreiter oder Trainer. Nirgendwo aber wird ihre Entschiedenheit besser und klarer deutlich als in Kays Tagebuchaufzeichnungen.

Leipzig
Kay Espenhayn, 8. Dezember 1999

```
Heute hatte ich ein langes Gespräch mit Marco, allerdings im Was-
ser. Für seine Ehrlichkeit bin ich sehr dankbar. Allerdings hat
es mich sehr aufgewühlt und es stellt sich mir die Frage: »Was
will ich wirklich?«
Marco erklärte mir, dass das Schwimmen für mich Gift wäre wie für
einen Lungenkrebspatienten das Rauchen. Aber ich will nur schwim-
men!!! Ich glaube für mich entschließen zu wollen, lieber kurz
und intensiv zu leben, als ewig im Glaskasten zu hocken und Angst
haben zu müssen vor jeder Infektion, die einen überfallen könnte.
Mir geht es mit dem Schwimmen eindeutig psychisch und körperlich
viel, viel besser! Also denke ich, dass mein Entschluss nicht
ganz falsch sein kann! Und mir geht es ja gut!!!
Also falls ich mal nicht mehr sein sollte und jemand das Buch fin-
det und liest: Seid nicht traurig, ich habe so für mich entschie-
den! Vielleicht war der Entschluss auch falsch und ich bereue es
später; aber nur so geht es mir richtig gut im Moment. Es gibt auch
nichts, was ich anstatt des Schwimmens setzen könnte. Ich finde
nichts, was mir ähnlich viel wie das Schwimmen bedeuten könnte.
```

Leipzig
Kay Espenhayn, 12. Dezember 1999

Zum Dienstag, dem 7. Dezember 1999 fand ich folgenden helfenden Spruch von Les Brown:
Lebend kommen wir ohnehin nicht davon! Wir sterben entweder als Zuschauer des Lebens oder auf dem Schlachtfeld. Also können wir uns ebensogut aufs Schlachtfeld wagen und etwas riskieren!

Leipzig
Kay Espenhayn, 15. Dezember 1999

Nach dem Abführen und Wechseln des Dauerkatheters (Klinikum St. Georg, Urologie-Station) durfte ich wieder nach Hause. Und meine erste Handlung war, zum Schwimmen zu fahren. Das Schwimmen tat mir richtig gut. Ich durfte 50 Minuten im Wasser bleiben und schaffte sogar 2100 m. Toll!!!
Danach war ich bei Volker und habe mir einen Haufen Rezepte geholt. Er kann mich richtig verstehen, speziell was auch das Schwimmen betrifft.
Abends war noch Grillfete bei Sabine und Thomas S. Ich muss die Würstchen nicht vertragen haben (wahrscheinlich zu fettig). Mir ist schlecht und der Bauch spinnt. Aber schön war es trotzdem.

Vom Krankenbett zurück ins Becken
Heidi Gruner, LVZ, 25. Februar 2000

Cherry ist sauer. Beleidigt sitzt sie in der Ecke und gibt keinen Mucks von sich. Die Meerschweinchen-Dame ist wohl etwas einsam. Denn »Pflegemutter« Kay Espenhayn trainiert wieder. »Ich war so verrückt nach dem Wasser, dass ich am gleichen Tag, an dem ich aus dem ‚Georg' entlassen wurde, in die Schwimmhalle gefahren bin«, erzählt die querschnittsgelähmte junge Frau, ...

Kurz nach ihren drei Goldmedaillen bei den Paralympics 1996 in Atlanta hatte sie einen schweren Autounfall. Der Hintermann fuhr auf, und Kay Espenhayns Behinderungen wurden schlimmer: Lähmungen an den Händen, spastische Anfälle, eine Darmerkrankung, Nierenentzündungen.* Die Karriere der ehemaligen Rettungsschwimmerin schien beendet. »Dreimal habe ich sogar mit dem Tod gekämpft.« Doch entgegen allen Befürchtungen rappelte sich die sächsische »Sportlerin des Jahres 1996« wieder auf. »Ich wusste, es wird besser. Mein Optimismus hat mir das Leben gerettet.«

Ungewiss ist hingegen die Teilnahme an den Paralympics im Oktober, Kay Espenhayns großer Traum. »Ich muss damit rechnen, dass es nicht klappt. Es ist nur noch ein halbes Jahr bis dahin, und ich bin bei weitem noch nicht dort, wo ich vor dem Unfall war.« Drei Mal wöchentlich trainiert sie in der Schwimmhalle, »dabei wollten mich einige Sportler erst gar nicht ins Wasser lassen. Sie hatten wohl Angst vor einer Infektion«, erzählt die 31jährige. Dabei gäbe es keinen Grund zur Sorge: »Die Nierenentzündung ist ausgeheilt.«

Trainer Hanno Mertens muss die Schwimmerin ständig bremsen. »Ich hüpfe ins Wasser und will gleich alles erreichen. Es fällt mir schwer, in meinen Körper hineinzuhorchen«, weiß Kay Espenhayn. Die Nierenentzündung habe Schäden hinterlassen; lange Pausen darf die junge Frau nicht machen, »sonst fange ich an zu frieren«. Mit 40 Minuten Training fing sie vor einigen Wochen an, 70 Minuten sind nun das Maximum.

Zur Sachsenmeisterschaft im Frühjahr wird sich Kay Espenhayn zurückmelden. »Ich will nicht unbedingt eine Medaille, sondern einfach zeigen: Hier bin ich wieder«, freut sie sich auf ihr Comeback. Ohne den Blick auf die Stoppuhr wird es allerdings nicht gehen: Die Leipzigerin will sich für die Deutschen Meisterschaften qualifizieren.

Seit die Wasserratte vom Krankenbett ins Schwimmbecken zurückgekehrt ist, geht es ihr »nicht nur körperlich, sondern auch psychisch besser«. Immer öfter macht sich die gelernte me-

---

* Die hier genannten Komplikationen traten tatsächlich erst später ein. – *Anm. M. Espenhayn.*

dizinisch-technische Laborassistentin Gedanken über einen Wiedereinstieg in den Beruf. »Ich lebe von einer mageren Rente, damit kann ich keine großen Sprünge machen«, sagt sie leise.

»Mein Traum, wieder mit Patienten zu arbeiten, lässt sich im Rollstuhl aber nur schwer verwirklichen.« Dafür könnte der Traum von Sydney in diesem Jahr Wirklichkeit werden.

»Ich schwimme – also bin ich!«
Steffen Osgar Burkhardt, SachsenSonntag, 13. August 2000

»Es gab Momente, in denen ich nicht mehr daran geglaubt habe, jemals wieder schwimmen zu können.« Kay Espenhayn sagt den Satz und lächelt. Es ist ein gequältes Lächeln. Fast drei lange Jahre musste die 31jährige im Krankenhaus zubringen, gefesselt an das kahle Spitalbett, genervt durch mehrere schwere Operationen ... und geschwächt durch viele Tage und Wochen auf der Intensivstation. Als sie am 1. November 1999 entlassen wurde, wog sie noch kümmerliche 30 Kilogramm*, war aber um eine Erkenntnis »schwerer«: Der eiserne Wille, irgendwann wieder das vertraute Wasser am Körper zu spüren, »...hatte mich die ganze Zeit wahnsinnig aufgebaut«. Am 2. November 1999 ließ sie sich das erste Mal wieder ins Wasser gleiten...

Rückblende: Vor knapp vier Jahren kehrte Kay Espenhayn mit einer reichen Medaillenbeute von den Paralympics aus dem amerikanischen Atlanta zurück: dreimal Gold, zweimal Silber, einmal Bronze. Die Behindertenschwimmerin avancierte damit zum erfolgreichsten Leipziger Sportler im Olympiajahr 1996, wurde herumgereicht, gefeiert und erhielt im Jahr darauf sogar den BILD-Osgar (»Die Leute von der Zeitung sind übrigens die einzigen, die mich die ganzen Jahre immer wieder eingeladen haben. Das rechne ich ihnen hoch an.«) Die schwere Nierenerkrankung, die kurz nach den Spielen auftrat und zum bereits erwähnten Krankenhaus-Martyrium führte, ließ es gleichzeitig ruhig werden um die junge sympathische Frau, die seit 1993 an den Rollstuhl gefesselt ist. Die Zeit der Empfänge, der Galas war vorbei. »An Sydney 2000 habe ich da noch keinen Gedanken verschwendet«, blickt sie zurück. »Ich wollte doch nur wieder schwimmen.« Seit knapp fünf Monaten trainiert sie wieder. Jeden Tag, wie besessen – so lange, bis Coach Dr. Hanno Mertens sie förmlich aus dem Wasser zieht. »Ich muss Kay öfters bremsen, sie übertreibt es manchmal. Doch viel hilft halt nicht immer viel...« – »Ich weiß, dass ich ei-

---

* Tatsächlich 34 Kilogramm. – *Anm. M. Espenhayn.*

nen Dickschädel habe«, schmunzelt Kay über die Worte ihres Trainers, dem sie seit fast zehn Jahren vertraut. »Doch das Schwimmen ist für mich der Mittelpunkt der Welt; ich fühle mich erst richtig wohl, wenn ich im Wasser bin. Ich habe auch gemerkt, dass ich meinen Kreislauf wirklich nur dann auf Touren bringe, wenn ich schwimme. Da kann ich mit dem Rollstuhl noch so oft durch die Gegend rasen…«

Der Kreislauf macht ihr derzeit dennoch zu schaffen. Eisen- und Kaliummangel lautet die Diagnose. Eine Behandlung ist schwierig, weil bestimmte Medikamente nicht helfen »dürfen« – sie stehen auf der Dopingliste. Und Sydney 2000 will sich Kay dadurch nicht vermiesen. Schließlich hat sie die Qualifikation für Australien bereits geschafft, »…auch wenn ich bei den Deutschen Meisterschaften in Berlin nicht besonders gut war«, wie sie selbstkritisch einschätzt. Die Kehrseite, ihre erneuten körperlichen Probleme: Die Leistungen stagnieren. »Ich habe mal wieder ein Tief.« Es klingt nach Resignation: »Langsam nervt's mich.«

Doch Kay Espenhayn will kämpfen. Und sie kämpft. »Noch sind es ja zwei Monate bis Sydney. Ich werde alles versuchen!« An den Start im Paralympics-Becken (»Ich bin jetzt schon ganz aufgeregt, wenn ich an die vielen Zuschauer denke…«) will sie auf jeden Fall in ihrer Schokoladendisziplin 150 Meter Lagen (ohne Delphin) gehen. »Wobei ich die Konkurrenz derzeit überhaupt nicht einschätzen kann«, schränkt Kay ein. »Doch ich denke, dass mir vor allem die Japanerinnen das Leben schwer machen werden.« Auf den 100 Meter Freistil, die Trainer Hanno Mertens als zweite wichtige Disziplin einstuft, fühlt sie sich selbst eigentlich gar nicht wohl: »Ich bin nicht so der Sprintertyp, schwimme eigentlich lieber die 200 Kraul. Ansonsten will ich natürlich so oft wie möglich starten.«

Von der fünfköpfigen Schwimmer-Crew des Behindertensportvereines, die die Paralympics-Quali geschafft hat (neben Kay fahren noch Geert Jährig, Claudia Knoth, Uwe Köhler und Christian Goldbach mit nach Sydney), räumt Coach Mertens der Atlanta-Siegerin Kay Espenhayn auch bei Paralympics 2000 die größten Chancen ein. Zumal er sich dabei auf eines verlassen kann: »Kay ist sehr, sehr ehrgeizig.«

Bestimmt nicht weniger glücklich als andere...
Aus einem Interview
Vgl. *Leipzig sportlich 24 Exklusivinterviews*, BlickPunkt e.V., Leipzig, 2002, S. 256-259

...

Konnten Sie sich denn nach der missglückten Operation vorstellen, wie man querschnittsgelähmt schwimmen kann?

Ja, schon. Ich trainierte schon seit 1992 beim Behindertensportverein, weil ich nach einer Lymphknoten-OP den rechten Arm nur noch bis zu einem bestimmten Winkel hochbekam. Hier sah ich, wie souverän sich Leute, die im Rollstuhl sitzen, auch im Wasser bewegen können. Doch so weit habe ich damals im Krankenhaus noch gar nicht gedacht. Ich wusste nur: Egal, was bei der Geschichte rauskommt, du gehst wieder schwimmen.

Wie bewahrt man sich diesen Optimismus?

Eben dieser Wille hat mich oben gehalten. Ich wusste genau: Wenn du wieder schwimmen kannst, geht es dir besser. Egal, was jetzt passiert.

Aber der Schritt vom Wieder-schwimmen-gehen-Wollen zum Hochleistungssport, wie Sie ihn ja betreiben...

...war denkbar kurz. Ich war kaum wieder zu Hause, da fuhr ich in die Schwimmhalle. Dort fragten mich die Leute vom Behindertensportverein, ob ich nicht am Wochenende zu den deutschen Meisterschaften nach Bayreuth mitfahren wolle.

Ohne jedes Training?

Nein, noch nicht als Aktive, nur als Schlachtenbummlerin, wenn Sie so wollen. Doch dort ist es dann passiert. In einer Wettkampfpause meinte mein Trainer Hanno Mertens, jetzt schmeißen wir die Kay einfach mal rein, mal sehen, wie sie sich anstellt.

...

Wie schwimmt man nun ohne Beinunterstützung?

Es ist eine Frage der Technik und des Willens. Ich habe relativ lange Arme, damit ein günstiges Hebelverhältnis. Mein großes Plus ist aber sicher meine Willensstärke. Mein Trainer muss mich eher bremsen, jedoch nie ins Wasser scheuchen. Er sagt immer mal: »Kay, das war zuviel!« Er will mich dann schonen. Wenn ich nicht aufhöre, fängt er mich manchmal regelrecht im Wasser ab. Dann werde ich aber richtig stinkig. Ich mag es nicht, wenn mich einer bremsen will.

Woher rührt dieser Ehrgeiz?

Der ist angeboren, hängt mit meiner Überbeweglichkeit zusammen. Ich kann auch heute nicht still sitzen, muss immer was zu tun haben. Das war auch das Schlimmste am Rollstuhl: nicht mehr joggen und radfahren zu können. Aber wenn man sagt, es sei ein schlimmes Leben im Rollstuhl, so ist das nicht wahr. Ich bin nicht weniger glücklich als andere. Ich genieße nur bestimmte Momente heute ganz anders, nehme vieles nicht mehr so selbstverständlich wie früher.

Sind Sie verletzlicher geworden in den letzten Jahren?

Ich war schon immer sehr sensibel. Es verletzt mich zum Beispiel, wenn man mich bevormunden will oder mich nicht ernst nimmt. Ich weiß auch, dass ich gelassener sein sollte. Manche Dinge, über die andere hinweggehen, prallen bei mir eben nicht ab. Auch nicht Niederlagen wie der fünfte Platz in Sydney im Brustschwimmen. Ich war so verunsichert, dass ich nie wieder Brust schwimmen wollte. Aber durch die Staffel war ich dann dazu gezwungen. Zum Glück.

...

Wie kommen Sie eigentlich ins Wasser?

Ganz einfach. Zwei Mann haken mich links und rechts unter, heben mich aus dem Rollstuhl und lassen mich ins Becken plumpsen.

So völlig trocken?

Ja. Die ersten Minuten sind auch immer fürchterlich. Jeden Tag graut es mir vor dem Wasser, das mir fast immer zu kalt ist. Daran gewöhne ich mich nie. Auch bei den Spielen in Sydney waren es gerade 27 Grad. Ich bin da empfindlich.

Stichwort Sydney. Sie kamen von Ihren zweiten Paralympics mit fünf Silbermedaillen heim. Zufrieden damit oder eher nicht, weil kein Gold darunter war?

Fünfmal Silber war okay. Zwischen Atlanta und Sydney lag ich insgesamt drei Jahre im Krankenhaus, mal war es die Blase, mal die Niere, mal der Darm. Ich hatte totalen Trainingsausfall, war lange auf der Intensivstation. Dort musste ich ums Leben kämpfen. Und ich denke: Gerettet hat mich der Sport. Man sagte mir, andere hätten das nicht überstanden.

Weil Sie unbedingt wieder schwimmen wollten?

Ja, genau. Noch auf der Intensivstation habe ich mir eingetrimmt: Ich gehe wieder ins Wasser. Anschließend hat mich mein Trainer aber sehr geschont. Wir hatten immer Angst, dass wieder was zurückkommt. Es brauchte ja nur eine Niere auszufallen. Trotzdem hätte ich in Sydney gute Chancen auf Gold gehabt – über 50 Meter Rücken. Auf dieser Strecke war ich kurz vorher noch Weltrekord geschwommen. Doch der Bundestrainer hatte einfach vergessen, mich zu melden. Pech! Ich saß dann auf der Tribüne und hoffte insgeheim, dass die Japanerin, die nun gewann, nicht meinen Weltrekord bricht. Sie schaffte es auch nicht.

Sport ist im Moment ganz klar Ihr Lebensinhalt?

Das stimmt. Ich bin dreimal die Woche in der Schwimmhalle, trainiere nebenher auch Leichtathletik: Kugel, Diskus, Speer und ein bisschen Rennrollifahren. Gern hätte ich auch ein Handybike, das ist eine Art Rad, das man vorn an den Rollstuhl klemmt, mit hochgelegtem Kettenantrieb, der per Hand bedient wird. Es wäre wichtig für die Kondition. Aber das kann ich mir nicht leisten, die Kasse zahlt das nicht.

Reich werden Sie von Ihren Medaillen offenbar nicht.

Schön wär's. Ich lebe von Rente, die ich für meine Erwerbsunfähigkeit erhalte, und von ein klein wenig Sporthilfe. Selbst bei den letzten deutschen Meisterschaften in Berlin habe ich Reisekosten und Übernachtung größtenteils selbst bezahlt, in der Hoffnung, vielleicht etwas wiederzubekommen. Mein einziger Luxus ist ein Auto, das ich auch selbst fahre. Das sponsort mir die Magdeburger Rohrleistungsfirma Lichtenberg.

Blumen vom Sport-Bürgermeister für Kay Espenhayn
Marco Mach, LVZ, 16. August 2002

Kay Espenhayn, Leipzigs erfolgreiche Behinderten-Sportlerin, liegt mit einer Lungenentzündung auf der Intensivstation des St. Elisabeth-Krankenhauses. »Sie ist noch nicht über'n Berg, aber es geht ihr ein bisschen besser. Wir freuen uns über jeden kleinen Schritt«, sagte gestern ihre Mutter Monika.

Ihre Tochter kann wieder sprechen und wird nicht mehr künstlich beatmet, aber noch künstlich ernährt. Das 33jährige Schwimm-Ass liegt bereits seit Anfang des Jahres – mit nur kleinen Unterbrechungen – im Krankenhaus. Zuerst machten ihr Zysten im Bauchbereich, dann Darmprobleme zu schaffen.

Am Mittwochabend bekam Leipzigs Unicef-Botschafterin, auch Mitglied im Olympiabeirat, Besuch und einen großen Blumenstrauß von Sport-Bürgermeister Holger Tschense. Die nächste Beiratssitzung ist am 22. August. »Bis dahin musst du wieder gesund werden«, so Tschense.

Wann Kay die Intensivstation verlassen kann, stand gestern noch nicht fest. Sie würde alles dafür geben, wenn sie bei den Weltmeisterschaften Ende des Jahres in Argentinien dabei sein könnte. Dafür drücken ihr viele die Daumen.

Kay Espenhayn zusammen mit einer ihrer Betreuerinnen bei den Paralympics in Sydney.

Freunde und Unterstützer

Der Behindertensportverein und andere Verbände

Selbstverständlich sind es gewöhnlich in erster Linie Vereine und Verbände, die sich die Unterstützung der Sportler, in diesem Fall und ganz besonders der Behindertensportler auf ihre Fahnen schreiben. Auch Kay Espenhayns Karriere wäre ohne deren entsprechendes Engagement undenkbar gewesen. So bildete der BVL (Behindertensportverein Leipzig) im Grunde eine Art Heimat für sie, wurde ihr Ausgangs- und Stützpunkt und eine ihrer wichtigsten Kraftquellen. Dieser nun war und ist mit anderen Unterstützern vernetzt, so dass man durchaus von »fließenden Grenzen« sprechen darf. Allen gemeinsam ist schließlich der Sport selbst, die Freude daran und die Gemeinschaft, die er entstehen lässt. Etwaige und vor allem in den Köpfen noch bestehende Trennlinien zwischen »Behinderung« und »Nichtbehinderung« werden dadurch mehr als relativiert.

Über die Kraftmaschine einmal hinweggeschaut
jos, LVZ, 30. November 1995

»Wir wollten etwas für Benachteiligte tun, für jene, die sich vielleicht – neben vielen anderen Dingen – den Monatsbeitrag eines Fitness-Centers nicht leisten können.«

Geschäftsführerin Ines Freyer spricht für die Mitglieder des Sportstudios Schönefeld. Dass Trägheit nicht der einzige Hinderungsgrund ist, Fett abzuspecken oder Muskelmasse aufzubauen, nahmen die Freizeitsportler zum Anlass, für Bedürftige zu spenden. Durch das Infobrett aufmerksam gemacht oder von Ines Freyer angesprochen, griffen gut 70 Mitglieder tief in die Brieftasche und sammelten die stattliche Summe von 1000 Mark.

Im Leipziger Behindertensportverein fanden die Schönefelder einen dankbaren Adressaten. »Es ist im Grunde das erste Mal, dass uns auf diese Weise Hilfe angeboten wird. Und dann von einem Sportstudio…«

Vereinsvorsitzender Dr. Wolfram Sperling lässt sich derart gern überraschen. Mit Kindern und Jugendlichen des Vereins nahm er die Spende vor Ort entgegen. Und wenn schon mal Besuch da ist, muss er auch ein bisschen bleiben – eine gemeinsame Gymnastik und anschließende Bekanntmachung mit verschiedenen Geräten bedeutete für die meisten die erste Erfahrung in Sachen Fitness-Center. Zum Beispiel für den 18jährigen Christian Goldbach, der sich auch als Rollstuhlfahrer Arbeit an den Kraft-Geräten vorstellen kann. »Man unterschätzt die Behinderten in dieser Beziehung. Die finden ihre persönlichen Trainingsvarianten«, weiß Dr. Wolfram Sperling. Und zusammen mit Studio-Chefin Ines Freyer überlegt er, welche Angebote sich am besten umsetzen lassen: Wirbelsäulengymnastik oder Mixaerobic, Schnupperpreise, Integration in bestehenden Gruppen oder bestellte Kurse mit Rabatt.

Vielleicht laden die Behinderten ja auch mal die Studiomitglieder zum Sitzvolleyball oder Goalball ein – damit die Schönefelder sehen, dass ihre Spende gut angelegt ist. Im Moment weiß noch keiner, wie eine mögliche Zusammenarbeit genau aussehen soll – Interesse aber besteht auf beiden Seiten.

Regionalligist FC Sachsen Leipzig unterstützt Paralympics-Siegerin
dpa/EB; LVZ Dezember 1996

Der FC Sachsen Leipzig, [...] wird die erfolgreichste deutsche Starterin bei den Paralympics in Atlanta, Kay Espenhayn, mit 10.000 Mark unterstützen. FC Sachsen-Trainer Uwe Reinders hatte sich während einer Fernseh-Talkshow des Mitteldeutschen Rundfunks (»Riverboat«) spontan entschlossen, der behinderten Schwimmerin zu helfen.

Um dem finanziell nicht auf Rosen gebetteten Verein keine zusätzlichen Kosten zu verursachen, will der Coach die 10.000 Mark aus einer »Strafaktion« für seine Mannschaft herausholen. Die Klubführung des FC Sachsen erklärte sich gestern mit dieser Aktion einverstanden. Nach der peinlichen 3:4-Niederlage gegen Tennis Borussia Berlin nach 3:0-Führung am vorletzten Spieltag hatte Uwe Reinders seine Spieler verpflichtet, Baseball-Caps des FC Sachsen Leipzig zu verkaufen, um »zu erfahren, wie schwer es sein kann, Geld zu verdienen«.

Die Einnahmen will der Trainer nun an die querschnittsgelähmte Sportlerin weitergeben, die in der Fernsehsendung erklärt hatte, weder eine behindertengerechte Wohnung noch ein Auto zu besitzen und deshalb in jeder Beziehung von anderen abhängig zu sein.

Schon der Gewinn eines ersten Sponsors in der vergangenen Woche hatte die Leipzigerin überaus glücklich gemacht. Die 28jährige Kay Espenhayn hatte bei den Paralympics in diesem Sommer in Atlanta drei Gold-, zwei Silber- und eine Bronzemedaille gewonnen.

Trainer Hanno Mertens

Eine der wichtigsten Personen in Kays Leben war ihr Trainer, Hanno Mertens, Diplomsportlehrer und u. a. verantwortlich für die behinderten Leistungssport-Schwimmer. Nach einer langen und vielfältigen Laufbahn in unterschiedlichen Bereichen des Leistungssports, speziell des Sportschwimmens, begegnete dieser wache und einfühlsame Mann der ehrgeizigen Sportlerin zu einer Zeit, als sie noch nicht wusste, dass der Rollstuhl zu ihrem Schicksal werden sollte, jedoch bereits Probleme im Schulterbereich empfand, die besondere Aufmerksamkeit erforderten. Er erinnert sich nicht nur im Zusammenhang mit dem Schwimmbecken an sie, sondern traf sie auch beispielsweise auf dem Leipziger Weihnachtsmarkt an, als sie Verkäuferin in einem der Stände war. Und er erlebte sie ausnahmslos als frohsinnigen Menschen.

Während der gemeinsamen Trainingsarbeit erkannte er ihren starken Ehrgeiz, aber auch den Hang, ihrem Körper Leistungen abzuverlangen, die dieser nicht immer im vollen Maß erbringen konnte. Deshalb bemühte sich Hanno Mertens vor allem darum, dass Kay unter optimalen Belastungen trainierte, ohne sich zu überfordern.

Geert Jährig, Kay Espenhayn und Trainer Hanno Mertens (Oktober 1995)

Selbstverwirklichung
Hanno Mertens, Trainer

Als Kay in unseren Verein kam, schwamm sie bei den Behinderten, weil sie ihren linken Arm nur eingeschränkt bewegen konnte. So vermochte sie ihren Arm nicht nach vorn zu führen, sondern musste ihn aus dem Schultergelenk heraus nach vorn »schleudern«.

Später kam sie im Rollstuhl, aber durch die Querschnittslähmung hatte sie weder ihre Freude am Leben noch ihre Begeisterung für das Schwimmen verloren. Was das Letztere betrifft, so war sie sogar viel klarer und zielgerichteter auf den Sport und die sportliche Leistung orientiert. Ich akzeptierte, dass dies im Grunde ihr »Lebenselixier« geworden war.

Natürlich wusste ich um ihre Krankenhaus- und Reha-Aufenthalte und besuchte sie auch nach Möglichkeit. Doch über die Details ihrer über die Querschnittslähmung hinausgehenden organischen Erkrankungen war ich nicht informiert. Ich bemerkte nur gewisse Veränderungen, stellte jedoch immer wieder fest, wie sie auflebte, sobald sie sich im Schwimmbecken befand.

Bei der Durchführung des erarbeiteten Trainingsprogramms war es ein wichtiger Aspekt für mich, sie zu bremsen, wenn sie sich zu übernehmen drohte. Ihr Ehrgeiz trieb sie zuweilen allzu sehr vorwärts. Ich musste dann Einfluss nehmen, damit ihr Gesundheitszustand nicht negativ betroffen wurde. Gespräche in diesem Zusammenhang machten mir letztlich Kays Lebenseinstellung deutlich:

»Lieber noch mal mit nach Sydney und dann Schluss als noch ungewisse Zeit länger, ohne dass etwas passiert«, erklärte sie kurz vor den Paralympics in Australien. Sie machte sich offensichtlich keine Illusionen über sich selbst.

Das mag im Widerspruch stehen zu Aussagen, die sie bei anderen Gelegenheiten, zum Beispiel bei einer Riverboat-Talkshow machte. Vielleicht hat sie in diesen Momenten selbst daran geglaubt, aber ich meine, dass ich sie gut genug kannte, um zu erspüren, was tatsächlich in ihr vorging.

Als sie 2002 im Krankenhaus von der Intensiv- auf die Normalstation verlegt worden war, sagte sie: »Es hat nichts zu bedeuten, dass ich jetzt hier liege. Sie wollen mir nur Mut machen, aber sie wissen, dass es nicht mehr besser wird.«

Es war mir ohnehin längst klar, dass der Sport und das Streben nach sportlichen Erfolgen ihre Art der Selbstverwirklichung gewesen war.

Die Sportkameraden

Sie bildeten einen Teil von dem, was Kay wahrscheinlich als ihre »Familie« bezeichnet hätte. Nicht nur im Schwimmbecken, sondern zumeist auch während der Veranstaltungen der Rollstuhlsportgruppe waren sie an ihrer Seite, teilten Spaß und Leistungsstreben, verhielten sich zuweilen jedoch auch irritiert und distanziert oder fühlten sich zu wenig beachtet und unverstanden. Wie es eben in Familien üblich ist.

Ohne sie wären Kays Erfolge wahrscheinlich undenkbar gewesen, ohne sie hätte sie sich nicht messen können und ohne sie hätte sie die Bandbreite ihrer Möglichkeiten nicht wahrgenommen.

Da ist beispielsweise Uwe Köhler, Jahrgang 1959, querschnittsgelähmt seit seinem dreiundzwanzigsten Lebensjahr als Folge eines Unfalls, und friedvoller, neidloser »Mitkämpfer« Kays, der sie 1991 kennenlernte.

Erst zeigte ich ihr, was möglich war, dann zog sie an mir vorüber
Uwe Köhler, Schwimmer

Anfangs, vor ihrer Behinderung, fiel sie mir nicht sonderlich auf, obwohl ich mich gut daran erinnere, wie fröhlich sie immer war. Das änderte sich auch nicht, als sie später im Rollstuhl erschien. Wir sahen uns nicht nur zum Schwimmtraining, sondern betrieben außerdem Leichtathletik. Das war eher auf die Freizeit bezogen und einfach das Vereinsleben.

Was das Schwimmen betraf, so belegten wir unterschiedliche Schadensklassen. (Je stärker die körperlichen Beeinträchtigungen sind, desto niedriger ist die Schadensklasseneinstufung.) Trotzdem durfte ich Kay so manches vermitteln, um ihr zu zeigen, was selbst unter misslichsten Bedingungen möglich sein kann. Wir verstanden uns sehr gut.

Allerdings reichte mein Ehrgeiz nicht an den ihrigen heran, weshalb sie sehr bald erfolgreicher schwamm als ich und wahrscheinlich auch die meisten von uns. Deutlicher ausgedrückt: Sie wollte von vornherein Gold, während ich anstrebte, zumindest in den Endlauf zu kommen.

Dennoch sahen wir uns nicht als Konkurrenten.

Natürlich ist Behindertensport in der breiten Bevölkerung nicht sehr attraktiv. Soviel mir bekannt ist, wurde überhaupt erst seit Barcelona in den Fernsehsendern über die Paralympics berichtet. Derartige Wettkämpfe aber geben allen, die sich irgendwie körperlich eingeschränkt fühlen, eine breite, zusätzliche Schiene, über die sie am gesellschaftlichen Leben teilnehmen können. Der Behindertensport findet heute mehr Beachtung, sodass sogar ähnliche Mechanismen wie beim allgemeinen Leistungssport wirksam werden.

Was mir eine Zeitlang nicht ganz leicht verständlich erschien, war Kays Haltung zu ihrer eigenen Gesundheit. Aber ich denke, man musste es einfach akzeptieren, es war allein ihre Sache. Sie sagte einmal: »Ich will nach Sydney, was dann kommt, ist mir egal!«

Das hatte nicht nur mich betroffen gemacht.

Vielleicht war ich ihr nicht so nahe, dass ich sagen könnte, welche Haltungen hinter ihrer Entscheidung standen, was sie belastete und beschäftigte. Denn sie verhielt sich ausnahmslos freundlich und war unbedingt gut drauf, wenn sie zum Schwimmen oder zum Freizeitsport kam. Ihre Fröhlichkeit war auch nicht aufgesetzt, sondern sie strahlte eben, das gehörte zu ihr.

Ob sie speziell wegen ihrer Lähmung Probleme oder zuweilen Depressionen hatte, weiß ich ebensowenig. Trotzdem meine ich, dass, wenn einer, der im Rollstuhl sitzt, behauptet, er habe überhaupt keine Schwierigkeiten, dann lügt er.

Ich weiß nicht, was ich ohne den Sport wäre. Mir hat er jedenfalls gewaltig geholfen und ich vermute, Kay ebenfalls.

Die Reha-Therapeutin

Wie auch ihr Trainer lernte Frau Kristina Sperling die Schwimmerin bereits kennen, bevor deren verhängnisvolle Querschnittslähmung eingetreten war. Doch man schrieb bereits das Jahr 1993, von dem an in schneller Folge all das geschah, was Kays Leben so unerbittlich verkürzte.

Da die Physiotherapeutin aus Leipzig-Knauthain sie über mehrere Reha-Aufenthalte hin betreuen durfte, entwickelte sich zwischen beiden ein enges, freundschaftliches Verhältnis.

Sie traf eine Wahl
Kristina Sperling, Physiotherapeutin

Der Bandscheibenvorfall, der zu der unglücklich verlaufenen Operation geführt hatte, war möglicherweise darin begründet, dass Kay schon länger auf Leistungssport trainiert und rhythmische Sportgymnastik durchgeführt hatte. Dadurch war sie gewissermaßen »überbeweglich« und so konnte eine belanglose Alltagsbewegung unvorhergesehene Komplikationen auslösen. Nichtsdestoweniger kenne ich sie fast nur als fröhlichen Menschen. Man fühlte sich wohl in ihrer Nähe und der Rollstuhl schien ihre Gemütsart keineswegs einzuschränken geschweige denn zu verändern.

Vielleicht hatte sie anfangs auch noch mehr Hoffnung, zumal nur eine sogenannte »inkomplette Lähmung« festgestellt worden war. Ich durfte sie in der Leipziger *Bavaria*-Klinik betreuen und führte ambulante Reha-Maßnahmen durch, Physiotherapie und Wassergymnastik. Bald ging es zusätzlich um die Vorbereitung für Atlanta, wobei speziell die Wendetechniken im Schwimmbecken trainiert werden mussten. Wir sahen uns damals mindestens viermal wöchentlich und ich empfand jene Tage als eine schöne Zeit. Es machte einfach Spaß, Kay in ihrem Optimismus, aber auch ihrer Zielbewusstheit zu erleben.

Zwischen Atlanta und Sydney kam ein Autounfall, dessen Folgen bei ihr weitere Armbewegungsausfälle verursachten. Da ging es eine Zeitlang überhaupt nicht darum, neue Leistungsmarken zu setzen, sondern um reines »Selbstmanagement«-Training, um es einmal so zu nennen, also etwa nach der Formel: Wie gestalte ich unter all diesen Umständen mein Leben zu Hause?

Mancher, der Kay kannte, empfand das, was sie nun tat, als blanken Raubbau an ihrer eigenen Gesundheit. Aus einigen Gesprächen mit ihr und aus allem, was ich an ihrem Verhalten beobachten konnte, glaube ich, sagen zu dürfen, dass sie eine bewusste Wahl getroffen hat, eine Wahl zwischen dem, was an »Gesundheit« noch übrig war und dem Leistungsschwimmen. Sie träumte davon, ihre Erfolge in Sydney noch einmal fortzusetzen; wer wollte ihr das verübeln?

Weder ich noch ihr Trainer Hanno Mertens vermochten sie zu bremsen, obwohl sie wahrscheinlich auch merkte, dass sich einige ihrer Mitstreiter von ihr abwandten.

Es ist schwer zu ermessen, was sie auf der menschlichen Ebene durchmachte. Vielleicht hatte sie auch das Gefühl, dass sie sich nur durch das Medium des Erfolges genügend Zuwendung sichern konnte. Wer wollte jetzt nach all diesen Jahren die tieferen Beweggründe aufschlüsseln, die sie zu ihrer Wahl veranlassten? Immerhin war das Schwimmbecken so etwas wie Heimat für sie und jedermann sah, dass sie sich darin so wohl fühlte wie sonst nirgendwo.

Sie wusste offenbar, dass Blase und Nieren stark gefährdet waren, längst noch vor Sydney, obwohl sie diese Probleme nicht unmittelbar fühlte. Weder ich noch jemand, der ihr sonst nahe stand, hätte die Verantwortung für mögliche Folgen übernehmen wollen, doch sie gehörte nicht zu den Menschen, die anderen den Schwarzen Peter zuschieben.

Nachdem sie von Australien zurückgekehrt war, dauerte es nicht lange, bis ihr Körper so gut wie alle gewöhnlichen Funktionen verweigerte. Möglicherweise fiel sie zusätzlich in ein menschliches und psychisches Loch.

Dennoch klagte sie auch weiterhin nicht, und man darf annehmen, dass sie das Ende, das nur zwei Jahre später eintrat, akzeptierte. Denn das Ziel ihres Strebens hatte sie erreicht.

Wasser war ihr Element
Grit Hauswald-Punte und Familie

Als ich Kay 1997 in einer Rehaklinik kennenlernte und ich sie als angehende Ergotherapeutin behandeln durfte, fiel mir besonders ihre offene und lebensfrohe Art auf. Sie und ihr Rollstuhl waren wie zwei gute Freunde, mit denen man durch Dick und Dünn gehen konnte. Wir freundeten uns sehr schnell an und trafen uns auch außerhalb der Therapien. Wir unternahmen viele Dinge, oft auch Dinge, die ursprünglich nicht für Rollstuhfahrer gemacht waren.

Wie sagte Kay immer? »Ich bin nicht behindert, ich werde nur behindert gemacht.« Und genau diese Barrieren versuchten wir zusammen zu überwinden. Und wir hatten viel Spaß dabei.

Was aber immer wieder auffiel, egal, wohin wir gingen: Es regnete. Ja, sie zog das Wasser regelrecht an, so dass wir sie bald »unsere Regentrude« nannten. Selbst an ihrem Todestag verabschiedete sie sich bei uns mit einem wunderschönen Regenbogen. Und genau dieser symbolisiert die bunte Vielfalt von Kay und gibt uns bis heute Kraft, die Barrieren des Lebens mit Freude zu überwinden.

Danke für die vielen nassen Tage, an denen wir die Sonne in unsere Freundschaft holten.

Die vertrauten Freunde

Zu Kays besten Freunden zählten auch Andrea Kubitzki-Lindner und Frank Lindner. Sie verbrachte viel Zeit mit und bei ihnen und nahm bei allen möglichen Gelegenheiten gern ihre Hilfe an. Für das Paar war es nahezu selbstverständlich, die Schwimmerin immer wieder einzuladen, sie während ihrer Krankenhausaufenthalte und Reha-Kuren zu besuchen und – soweit möglich – an ihren Erfolgen teilzuhaben.

Sie gab uns mehr als wir ihr
Andrea Kubitzki-Lindner und Frank Lindner

Ich lernte Kay im Krankenhaus Bad Düben kennen, wo ich mich 1990 einer Knieoperation unterziehen musste. Sie wurde damals, soweit ich mich noch erinnern kann, wegen einer Bewegungseinschränkung im rechten Arm behandelt. Gemeinsam lagen wir auf derselben Station und freundeten uns sehr schnell an. Das geschah schon dadurch leicht, weil mich ihr Name befremdete, sodass ich nachfragte. Es erschien mir seltsam, dass ein Mädchen beziehungsweise eine junge Frau Kay heißen könnte.

Bald stellte sich heraus, dass wir nicht weit voneinander wohnten, ich damals in Leipzig-Gohlis und sie in Möckern, und so war es leicht, einander zu besuchen.

Weder durch ihre spätere Behinderung noch meine Partnerschaft mit Frank trat eine nennenswerte Veränderung ein. Stattdessen vertiefte sich unsere Freundschaft immer mehr. Oft übernachtete Kay bei uns, meistens gemeinsam mit ihrem Meerschweinchen. Dass sie den Jahreswechsel bei uns verbrachte und wir einander auch zu Geburtstagen sahen, wurde fast zu einer Selbstverständlichkeit.

Als Frank und ich am 25. August 2000 heirateten, war Kay meine Trauzeugin. Es war ihr letztes, größeres Ereignis vor den Paralympics in Sydney. Ich hatte einige Tage zuvor geträumt, dass ein kleiner Junge mir den Brautstrauß übergibt und so geschah es auch. Es handelte sich um Robin, den Sohn von Kays Schwester Grit.

Niemals haben wir sie depressiv oder hoffnungslos erlebt. Wahrscheinlich boten wir ihr einen Ausgleich zum Leistungsdruck im Sport, aber wenn sie kam, wurde sie für uns zum

Geschenk. Das heißt, es war eher der Fall, dass sie mich innerlich aufrichtete als ich sie. Ihre Ausstrahlung ist mir bis heute unvergesslich.

Wir halfen, wo wir konnten, gingen oft mit ihr einkaufen und versuchten, ihr das Leben mit der Behinderung nach Kräften zu erleichtern. Ich erinnere mich noch gut, wie wir gemeinsam mit ihr nach Mainz fuhren, um ihre Olympia-Kleidung abzuholen, alles, was sie für Sydney brauchte. Wegen des Rollstuhls war das ohnehin sehr beschwerlich.
Ich glaube, es tat ihr gut zu wissen, dass es Menschen gab, die sich zusätzlich für sie stark machten.
Kay liebte ihre Mobilität über alles, was man vor allem daran merkte, wie wichtig ihr ihr Auto war. Wenn damit etwas nicht funktionierte, wurde sie ungeduldig.
Wir waren auch bei Veranstaltungen dabei wie etwa der Sportlergala in Riesa. Doch nicht immer war es leicht, an Kay heranzukommen. Als sie einmal bei den Deutschen Meisterschaften mitschwamm und wir oben auf den Rängen saßen, konnte sie uns rückenschwimmend aus dem Becken unten sehen und brach danach einen Streit mit der Security vom Zaun, um nach dem Wettkampf per Fahrstuhl zu uns heraufkommen zu dürfen.
Obwohl sie ihre sportlichen Erfolge sehr genoss, wollte sie trotzdem nicht immer im Mittelpunkt stehen. Als sie bei einer Faschingsfeier ziemlich herausragend begrüßt wurde, zeigte sie sich nicht begeistert und sagte nur kopfschüttelnd: »Muss das denn sein?«
Nebenbei erinnere ich mich auch daran, dass sie ein großer Fan der Gruppe Queen und Freddy Mercurys war, außerdem von Orange Blue, die sie bei einer Veranstaltung selbst kennenlernen durfte.

Außergewöhnlich, lebensfroh und tapfer

Einige Menschen lernten die Schwimmerin auch einfach auf Grund ihrer beruflichen Tätigkeit kennen. *Gerlinde Poser*, ehemalige Angestellte im Behinderten-Fahrdienst, äußerte sich in einem Kurzinterview folgendermaßen:

»Ob ich Kay Espenhayn kenne? Ja natürlich, sogar persönlich! Anfang der neunziger Jahre war ich im Behindertenfahrdienst tätig und fuhr sie einige Male zum Schwimmtraining in die Mainzerstrasse! Ich habe sie vor allem deshalb in Erinnerung, weil sie eine ganz außergewöhnliche, lebensfrohe und aufgeschlossene junge Frau war, die nicht mit ihrem Schicksal haderte, sondern es tapfer und sehr energisch meisterte. Das Schwimmen war für sie Lebensinhalt, im Wasser konnte sie sich bewegen, dort hatte sie ihre Ablenkung, ihre Bestätigung und letztendlich auch ihre Erfolge. Sie hatte aber auch immer die Hoffnung, wieder gesund zu werden …

Bis dahin wollte sie sich fit halten in ihrem Element! Als ich von ihrem Wahnsinnserfolg bei den Paralympics hörte, habe ich mich sehr für sie gefreut! Schade, das sie so früh gehen musste, ihr Leben war kurz und intensiv! Sie hat ihre Spuren hinterlassen und viele Erinnerungen …«

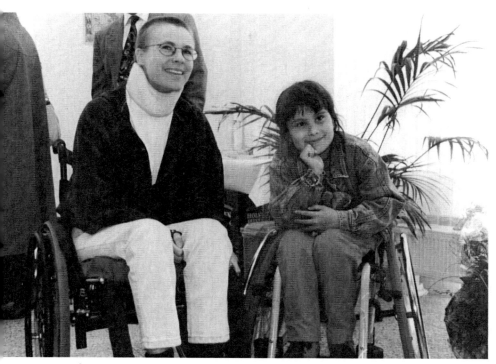

Empfang im Sanitätshaus Stolze (ca. Ende 1996)

Der starke Rückhalt: Wolfgang Lichtenberg

Kay Espenhayns Bekanntschaft mit dem ehemaligen Radsportler Wolfgang Lichtenberg wurde einer der besonderen Glücksfälle in ihrem Leben. Bald unterhielt sie eine enge Beziehung zu seiner Familie in Lostau bei Magdeburg. In einigen ihrer Tagebuchaufzeichnungen entwarf sie ein anschauliches Bild dieser bedeutenden Freundschaft.

Ohne die Unterstützung dieses Mannes wäre so manches nicht möglich gewesen, was vor allem die letzten Lebensjahre der Schwimmerin ausmachte und erfüllte.

Lostau
Kay Espenhayn, 04. Dezember 1999

Morgens waren wir einkaufen im Allee-Center in Magdeburg. Zum Kaffeetrinken kam der blinde Günther mit Frau zu Besuch. Das ist eine lustige Familie. Günther durfte mich auch gleich einmal die Treppe hochtragen, damit ich das ganze Haus der Lichtenbergs kennenlerne. Wir müssen ein Bild abgegeben haben: Der Blinde trägt die Lahme. Beim Treppehinuntersteigen war mir doch etwas komisch, aber es ging alles gut!
Abends waren wir bei Grit und Rudi zum Essen eingeladen. Unterwegs sammelten wir Anni und Willi (Rudis Eltern) auf. Anni musste auch mit Stützen laufen. Das war der Tag der Behinderten bei Familie Lichtenberg.
Zum Essen gab es als Vorspeise Muscheln. So etwas hatte ich vorher noch nie gegessen. Es war gewöhnungsbedürftig, aber irgendwie auch lecker. Danach gab's Lachs mit Zwiebel-Sahne-Sauce und Wildreis. Als Nachspeise gab es noch Eis mit heißen Himbeeren. Nach dem Essen trug mich Rudi durch das Haus und zeigte es mir. Der Abend bei Grit und Rudi war total schön!

Spontaner Gedanke: Dem Mädel müssen wir helfen
Frank Schober, LVZ, 17. März 2001

Leipzig/Lostau. »Gesunde können sich notfalls selbst helfen, doch für Behinderte müssen wir etwas tun.« Getreu seinem Motto ist Wolfgang Lichtenberg – ein ehemaliger Radsportler – der größte Förderer und Sponsor von Kay Espenhayn. Heute abend wird er in seinem Haus in Lostau bei Magdeburg aufgeregt auf den Anruf der Paralympics-Siegerin 1996 und fünffachen Silbermedaillengewinnerin von Sydney warten. In Dresden werden bei der Landessport-Gala Sachsens »Sportler des Jahres« geehrt. Nach ihrem Umfrage-Sieg 1996 könnte die Schwimmerin erneut weit vorn landen.

Seit vier Jahren ist Wolfgang Lichtenberg ihr Sponsor, väterlicher Berater und – bei Umfragen – auch »Wahlkampfleiter«. Der 57jährige findet es nicht ehrenrührig, für Kay die Werbetrommel zu rühren. Besondes engagierte er sich, als Kay im November beim ZDF für das »Ass des Monats« nominiert war und letztlich Zweite knapp hinter Erik Zabel und vor Martina Ertl wurde. »Ich bin mir sicher, dass Erik gern für Kay auf die Trophäe verzichtet hätte«, sagt Lichtenberg, der in den 60er Jahren mal Fünfter der DDR-Meisterschaft und Siebter der Harzgebirgsrundfahrt vor der eigenen Haustür geworden war. Doch er rechnet es dem ZDF hoch an, dass »in der heutigen Zeit, wo scheinbar nur noch Gold zählt«, eine fünffache Silbermedaillengewinnerin zur Wahl stand.

Doch wie kommt ein Unternehmer aus dem Tief- und Rohrleitungsbau aus Sachsen-Anhalt dazu, eine Leipzigerin zu unterstützen? Die erste Begegnung mit Kay – über die Mattscheibe – war Zufall. Gemeinsam mit Franziska van Almsick saß die Behindertensportlerin im Herbst 1996 im »Riverboat«, erzählte von ihren Problemen. Wolfgang Lichtenberg kam spät nach Hause, sah nur die letzten Minuten. Doch Kays nette Art sowie der krasse Unterschied zwischen den Problemen der Schwimm-Millionärin und denen der bescheidenen, mit hundert Alltagssorgen belasteten Paralympics-Siegerin ließen ihn nicht mehr los: »Ich habe zu meiner Frau gesagt: Dem Mädel müssen wir helfen.«

Doch bis zum ersten Treffen vergingen Monate. Wolfgang Lichtenberg versuchte, über den MDR den Kontakt herzustellen. Dies war schwierig, zumal Kay 1996/97 wegen ihrer Querschnittslähmung und Nierenprobleme von einer Klinik in die nächste verlegt wurde. »Als wir sie dann nach vielen Telefonaten endlich mal besuchten, waren wir vom ersten Augenblick ein Herz und eine Seele.«

Seit vier Jahren erlebt Familie Lichtenberg alle Höhen und Tiefen hautnah mit. »Einmal lag sie wie ein Häufchen Unglück in der Klinik, wog noch ganze 35 kg, da kamen mir die Tränen, ich musste raus.« Doch es ging wieder aufwärts mit der heute 32jährigen, nach Monaten konnte sie endlich ihr Auto in Empfang nehmen, das Wolfgang Lichtenberg ihr gekauft hatte und behindertengerecht umbauen ließ. Auf Werbung für seine Firma verzichtet er – das wirke zu protzig. »Meine Devise ist: Mir geht es doch gut, ich kann anderen helfen.« Summen nennt er nicht, sie scheinen ihn auch nicht zu interessieren: »Kay weiß am besten, dass Geld nicht alles, Gesundheit viel wichtiger ist.«

»Als sie sich für Sydney qualifiziert hatte, sehne ich den Tag herbei, an dem sie ins Flugzeug steigt. Bis zuletzt hätte gesundheitlich noch etwas dazwischen kommen können. Als sie im Flieger saß, war die Welt für mich in Ordnung.« Zwar mahnte er die an den Rollstuhl gefesselte Athletin immer wieder: »Denk an deine Nieren.« Doch den Ratschlag, mit dem Schwimmen aufzuhören, würde er ihr nie geben: »Ihr Sport erhält sie doch am Leben.«

Wolfgang Lichtenberg hat nicht nur ein Herz für bedürftige Menschen. Mit viel Liebe päppelt er verwahrloste Katzen auf, die er immer wieder bei seinen Runden auf dem Rennrad am Straßenrand sieht. »Die Katzen bekommen immer Rennfahrernamen: Zum Beispiel Rik van Looy, Rik van Steenbergen, Erik Zabel. Als ich Täve Schur davon erzählte, hat er kritisch geguckt. Da habe ich zu ihm gesagt: ,Gustav, es können nicht alle Täve heißen.'« Dennoch hat er ein gutes Verhältnis zu Schur – beide radeln hin und wieder gemeinsam durch die Börde. Nicht von ungefähr hatte sich die Rad-Legende bei seinem 70. Geburtstag vor drei Wochen über einen Gast besonders gefreut: Kay Espenhayn.

Im Mai 1999 war es soweit: Kay bekam ihr eigenes Auto dank des Engagements Wolfgang Lichtenbergs

Meisterschaften und Erfolge

Der Weg zur ersten Deutschen Meisterschaft
Kay Espenhayn, ca. 1993

Sobald ich alles Organisatorische* geregelt hatte, fuhr ich nun regelmäßig zum Training in die Schwimmhalle. Das zu bewerkstelligen, erwies sich als sehr schwierig, weil ich immer jemanden brauchte, der mich transportierte und gleichzeitig drei Etagen nach oben und wieder hinunter tragen musste. Das Training bedeutete mir immer mehr und hatte auch eine positive Wirkung auf meine psychische Verfassung. Mir ging es dann bald viel besser. Ein halbes Jahr später durfte ich bei den Deutschen Meisterschaften starten und gewann gleich etliche Medaillen. Auf Grund meiner guten Leistungen wurde ich in das Trainingslager der Nationalmannschaft Deutschland eingeladen.

Niederländische Meisterschaften im Schwimmen 10. und 11. Juni 1995 in Drachten
Kay Espenhayn, BiS Juli/August 1995

Der Austragungsort der diesjährigen offenen Niederländischen Meisterschaften war ein Erlebnisbad in Drachten.

Das 50-Meter-Becken wurde während der Wettkämpfe für die Öffentlichkeit gesperrt. In den anderen Becken lief der Badebetrieb normal weiter.

Zu diesem Wettkampf kamen Gäste aus drei Ländern. Aus Dänemark kam eine Auswahlmannschaft mit neun Männern plus fünf Frauen und Israel nahm mit einem sechsköpfigen Team teil. Von deutscher Seite traten einzig sechs der erfolgreichsten Leipziger sowie Nicole Brauer aus Celle an. Das Team des BVL bestand aus Geert Jährig, Thomas Grimm, Silvio Spittler, Marco Leitzke, Uwe Köhler und Kay Espenhayn.

Da die Einladungen zur holländischen Meisterschaft zwar an den DBS gesandt, von diesem

*nach Bandscheiben-OP und Entlassung aus dem Krankenhaus – *Anm. d. Herausgebers*

jedoch nicht an die Landesverbände weitergeleitet wurde, war unser Start Dank dem Entgegenkommen der Holländer buchstäblich in letzter Minute zustandegekommen. Daher fuhren wir zunächst ohne gebuchte Quartiere nach Drachten. Was wir nicht wissen konnten war, dass an dem Wochenende in der gesamten Gegend ein Seglertreffen stattfand. So kam es, dass in einer 200 Betten fassenden Jugendherberge alles belegt war. Mit der Übernachtung hatten wir erst einmal etwas Pech, denn somit waren alle Schlafplätze in der Nähe schon vergeben. Fünfzig Kilometer von Drachten entfernt fanden wir eine Jugendherberge, die uns trotz Überbelegung noch aufnahm. Sie organisierten ein paar Feldbetten, Decken und Kissen. Am Ende hatte jeder ein Bett und wir haben wunderbar geschlafen.

Die Meisterschaft selber verlief total reibungslos. Es war alles gut geregelt, nur mit dem Wettkampfprotokoll gab es geringe Schwierigkeiten. Aber die Organisatoren gaben sich sehr viel Mühe. Es wurden sogar alle Ansagen ins Deutsche übersetzt.

In dem gut besetzten Starterfeld konnten sich die Leipziger gegen die internationale Konkurrenz gut behaupten. Jeder Schwimmer aus Leipzig fischte mehrere Medaillen aus dem Wasser.

Aber auch die dänischen und israelischen Gäste schnitten sehr gut ab, was bei den durch das Wasser fliegenden Holländern manchmal gar nicht so leicht war.

An dem Sonnabend gab es in der Schwimmhalle eine Abendveranstaltung, an der alle teilnahmen. Da die Stimmung nicht gut war, sind wir nach der Plünderung des kalten Buffets die fünfzig Kilometer zu unserer Herberge gefahren. Dort verlebten wir noch einen sehr schönen Abend mit Straßenmusik und gemütlichen Kneipen!

Fazit: Trotz Dauerregen war die Motivation super und wir hatten ein erfolgreiches und schönes Wochenende in Drachten verbracht.

Kay Espenhayn schrammte nur knapp am Freistil-Weltrekord vorbei
Anita Lederer, LVZ, 20. Juli 1995

So sehr sich Hanno Mertens über die Leistungen seiner Behindertenschwimmer bei den Deutschen Meisterschaften auch freute – der Trainer ging dennoch gleich am Montag wieder zur Tagesordnung über. Denn für vier seiner Schützlinge vom Behindertensportverein Leipzig (BVL) waren die Titelkämpfe in Köln nur Durchgangsstation für die Europameisterschaften Anfang September im französischen Mittelmeerort Perpignan.

Die 23 BVL-Schwimmer stellten nicht nur die größte Mannschaft, sondern sie kehrten mit 93 Medaillen bei 113 Starts auch als erfolgreichstes Team vom Rhein zurück. Mit besonderen Erwartungen schickten die Trainer Hanno Mertens und Anita Lederer ihre fünf leistungsstärksten Schwimmer in die Wettbewerbe: Der 28jährige Paralympics-Sieger Geert Jährig sowie Kay Espenhayn, Uwe Köhler und Thomas Grimm dürften ihr Ticket für die EM gebucht haben, dagegen entsprechen die Zeiten des Vierfach-Siegers Christian Goldbach (18) nach Ansicht der Verbandsfunktionäre noch nicht dem internationalen Maßstab.

Geert Jährig (Klasse S8) musste sich in seiner Spezialdisziplin 100 m Rücken in 1:14,57 wie im Vorjahr dem amtierenden Weltmeister Holger Kimmich (Offenburg/1:10,9) beugen, doch er bewies als Startschwimmer der Lagenstaffel mit 1:13,8 min, dass durchaus noch mehr drin ist. Im 15-m-Sprint zeigte er jedoch mit 34,35s allen die Fersen. Außerdem unterstrich er mit drei Siegen im Brust- und Lagenschwimmen seine Vielseitigkeit.

Während Jährig noch um seine Top-Form ringt, kommt bei den Damen die 27jährige Kay Espenhayn immer besser in Schwung. Mit Siegen über 100 und 200 m Freistil buchte sie ihr EM-Ticket. Und mit ihrer 100-m-Zeit von 1:38,48 min tastete sie sich bis auf zwei Zehntel an den Weltrekord in ihrer Schadensklasse heran.

Paralympics-Teilnehmer Uwe Köhler (36) gewann zweimal, musste sich jedoch in drei weiteren Wettbewerben mit Platz zwei begnügen. Und der 22jährige »Newcomer« Thomas Grimm erschwamm sich auf allen Freistilstrecken Edelmetall, über 200m gelang ihm auf Anhieb der Sieg.

Zu den Leipziger Goldfischen zählte einmal mehr auch Wolfram Sperling mit fünf Siegen in der Klasse der allgemein Behinderten (AB). »Spatz« gehörte in den 70er Jahren zu den besten europäischen Langstreckenkraulern und Brust-Schwimmern, musste jedoch 1976 schweren Herzens wegen eines Autounfalls auf die Olympiateilnahme in Montreal verzichten. Der mittlerweile 43jährige zeigte in Köln, dass er nichts verlernt hat. Er kann jedoch nicht auf eine EM-Nominierung hoffen, da seine Schadensklasse nur national anerkannt ist. Den Medaillensegen abrunden konnten Irina Scholich und Andreas Günther.

Immerhin 33 Titel errang der BVL-Nachwuchs bei den gleichzeitig ausgetragenen Jugendmeisterschaften. Als vielversprechendste Talente stellten sich Christian Rudolph und Claudia Knoth vor.

Europameisterschaft in Südfrankreich 1995
Kay Espenhayn, geschrieben rückblickend im Juli 1997

Der Bundestrainer nominierte mich dann zu den Europameisterschaften, die 1995 in Perpignan in Südfrankreich stattfanden. Dort gewann ich, für mich eigentlich unvermutet, vier Goldmedaillen auf den Strecken-50-m Freistil, 100-m-Freistil, 200-m-Freistil und 50-m-Rücken. Auf all diesen Strecken stellte ich neue Weltrekorde auf. In 50 m Brustlage erkämpfte ich mir eine Silbermedaille.

EM-Gold Garant für Atlanta
Frank Schober, LVZ, 21. September 1995

Kay Espenhayn könnte von ihrer ersten großen internationalen Meisterschaft Geschichten erzählen, die locker eine ganze Sendung von »Pleiten, Pech und Pannen« füllen. Doch unterm Strich waren die Europameisterschaften der Behindertenschwimmer im französischen Perpignan für die 27jährige – in ihrem Fall ist Kay tatsächlich ein Mädchenname – mehr als die Erfüllung ihrer Träume. Sie holte viermal Gold und zweimal Silber und krönte alle Siege mit neuen Weltrekorden ihrer Schadensklasse.

»Das hätte ich nie für möglich gehalten. Einen ganz, ganz kleinen Gedanken hatte ich vorher mal kurz an eine Bronzemedaille verschwendet«, so die Schwimmerin des Behindertensportvereins (BVL) Leipzig.

Ende gut – alles gut. Dennoch sollen einige Strapazen nicht unerwähnt bleiben, die die blonde Frau und teilweise auch ihre Leipziger Teamkollegen durchmachten. Da fanden sie am Morgen der Abfahrt zum Flughafen Tegel in ihrem Berliner Zwischenquartier ihr Auto aufgebrochen vor – die als Glücksbringer gedachten Schildkröten waren geklaut. Da wurden die Rollstuhlfahrer in Tegel ewig nicht abgefertigt und durften sich stundenlang nicht von der Stelle bewegen. Dann ließen drei Pariser Busfahrer die Behinderten einfach am Straßenrand stehen, die Franzosen drängelten sich ungeniert vor. Der vierte Fahrer hatte ein Einsehen, aber offenbar keine Zeit, den Leipzigern beim Aussteigen die Koffer aus dem Gepäckfach mitzugeben. Am Bad angekommen, stand der Bus mit laufendem Motor drei Stunden in der brütenden Sonne. In der viel zu kleinen und überhitzten Schwimmhalle hatten die 600 Behinderten kaum Platz, offene Türen sorgten für Zugluft, so dass sich die meisten Aktiven stark erkälteten.

Für Kay Espenhayn ging die Tortur nach ihren ersten Siegen und Rekorden erst richtig los: Die Spanier hatten in ihrer Schadensklasse offenbar Gold fest eingeplant und legten Protest gegen die Einstufung der querschnittsgelähmten Leipzigerin ein. Nach zweistündigen Debatten mit Untersuchung und Vorschwimmen hatte sie auch dies überstanden. »Solche Proteste gibt es öfters. Manche simulieren auch eine noch stärkere Behinderung – doch nicht ich – sondern gerade die Spanierin, die ich unter der Dusche beim Gehen erwischte.« Schließlich erlitt der Schützling von Hanno Mertens beim Einschwimmen noch eine Kapselverletzung am Finger.

Doch was vor allem zählt: Sie ist nach diesem EM-Auftritt eine sichere Bank für die Paralympics in Atlanta, ebenso wie Barcelona-Sieger Geert Jährig, der diesmal Bronze holte. Chancen können sich auch Uwe Köhler und Thomas Grimm ausrechnen, die mehrmals im Endlauf standen. Kay Espenhayn verbesserte sich in den letzten zwei Jahren über 50 m Freistil um etwa 25 Sekunden. Erstaunt stellte sie fest: »Ich hätte nie gedacht, dass Training so viel bringt.«

Deshalb dankt sie den Verantwortlichen der Uni-Schwimmhalle, die dem BVL-Quartett auch dann noch Eintritt gewährten, als die Halle wegen der Sommerpause bereits geschlossen war.

Vier Leipziger Schwimmer vor Paralympics-Nominierung
Frank Schober, LVZ, 6. Mai 1996 - Artikelausschnitt

Die offizielle Bestätigung steht noch aus. Doch die erfreuliche Nachricht nach den Deutschen Behinderten-Meisterschaften der Schwimmer in der Uni-Schwimmhalle lautet, dass die vier Leipziger EM-Teilnehmer des Vorjahres Kay Espenhayn, Geert Jährig, Thomas Grimm und Uwe Köhler gute Aussichten auf eine Nominierung für die Paralympics in Atlanta besitzen.

Trotz ihrer langen Verletzungspause knüpfte Europameisterin Kay Espenhayn an ihre Vorjahresleistungen an. »Es ist unglaublich, wo die Frau die Energie hernimmt. Ihre Leistung kann man nicht in Worte fassen, man bekommt einfach nur Gänsehaut«, schwärmte Ralf Kuckuck aus Halle/Westfalen, einer der ehrenamtlichen Bundestrainer, über die querschnittsgelähmte Schwimmerin. Im 50-m-Sprint war sie nur eine Sekunde langsamer als im Vorjahr, über 100 m Freistil waren es dagegen 15 Sekunden. »Es hat mich wahnsinnig geärgert, dass ich auf den letzten 25 Metern so eingebrochen bin«, sagte die 28jährige, die sich nationale Konkurrenz gewünscht hätte.

…

Paralympics-Schwimmer testeten in Sheffield für Atlanta
fs, LVZ, 6. Juni 1996

Der letzte Test vor den Paralympics führte die vier qualifizierten Schwimmer der Messestadt sowie drei Vereinskameraden vom Behindertensportverein nach Sheffield, wo vor drei Jahren die Schwimm-EM der Nichtbehinderten stattfand. Wie die Deutschen nutzten Kontrahenten aus 17 Ländern diesen vorolympischen Formtest.

»Bestzeiten haben wir zwar kaum erzielt, dennoch können wir zufrieden sein«, urteilte der Paralympics-Sieger von 1992, Geert Jährig, der nun einer langen Trainingsetappe entgegenblickt. Mit Hanno Mertens und Günter Erdmann stehen zwei erfahrene Trainer für die individuelle Arbeit in den nächsten Wochen zur Verfügung.

In Sheffield war Europameisterin Kay Espenhayn mit fünf Siegen einmal mehr die Beste. Sie wurde nur auf den Kurzstrecken gefordert, noch immer war der lange verletzungsbedingte Trainingsrückstand nicht zu übersehen. Zwei Siege feierte Thomas Grimm, der mit seiner 400-m-Freistilzeit (5:26,18) noch nicht voll zufrieden war. Rückschwimmer Geert Jährig musste wie so oft schon dem Weltrekordler Holger Kimmig den Vortritt lassen – der Leipziger ließ aber in seiner Speziallage im Kampf um Silber nichts anbrennen. Die nicht unbedingt erwartete Atlanta-Nominierung beflügelte Uwe Köhler zum zweiten Platz. Und Christian Goldbach, der die Paralympics knapp verpasste, zeigte als Sieger über 50 m Brust, dass er mit zur Weltspitze gehört. Andreas Günther (dreimal 3.) und Silvio Spittler (4.) komplettierten das gute Abschneiden.

Paralympics in Atlanta im August 1996 – Geburtstag im Aquatic-Center – Competition Pool (20.8.1996)

Paralympics Atlanta 1996
Kay Espenhayn

Eine Woche nach der Entlassung aus dem Rehazentrum startete ich schon wieder bei den Deutschen Meisterschaften und qualifizierte mich somit für die Teilnahme an den Paralympics im August 1996 in Atlanta. Trotz schlechter Voraussetzungen, ungünstiger Bedingungen und wenig Trainings gewann ich in Atlanta doch Medaillen. Damit hatte ich eigentlich nie gerechnet.
Im 150-m-Lagen und 200-m-Freistil erschwamm ich den Weltrekord und holte somit Gold für Deutschland. Auf der 200-m-Freistil-Strecke verbesserte ich noch einmal meinen eigenen Weltrekord, den ich 1995 zu den Europameisterschaften aufgestellt hatte. Bei den 50 m Rücken bin ich nicht ganz so schnell geschwommen. Aber es wurde trotzdem ein Paralympics-Rekord und meine dritte Goldmedaille. Die 50-m- und 100-m-Freistil-Strecken überließ ich der Konkurrenz, den Japanern, und bekam dafür Silber. Für 50 m Brust brauchte ich doch so einige Zeit und erkämpfte mir noch eine Bronzemedaille. Darüber freute ich mich am meisten. Diese Strecke schwimme ich nicht so gern und gut!

Am Geburtstag holt Kay Espenhayn ihr zweites Gold
LVZ, August 1996 - Artikelausschnitt

Atlanta (dpa/sid). Die deutschen Schwimmer zogen gestern bei den 10. Paralympics weiter ihre Gold-Bahnen. Kay Espenhayn bereitete sich an ihrem 28. Geburtstag selbst das schönste Geschenk. Über 200 m Freistil siegte die Leipzigerin in 2:21,82 Minuten und gewann damit auch ihre zweite Goldmedaille nach den 150 m Lagen in Weltrekordzeit.

»Das war ein echtes Geburtstagsgeschenk«, freute sie sich. In eine neue Dimension stieß über die gleiche Distanz Lars Lürig aus Mühlheim vor, der als Sieger in 2:54,31 Minuten den alten Weltrekord um mehr als 14 Sekunden verbesserte. »Ich hoffe, der bleibt noch ein bisschen bestehen, damit ich mich jetzt erstmal wieder auf mein Studium konzentrieren kann«, meinte der Jura-Student.

»Gerade Lars habe ich die Medaille am meisten gegönnt«, sagte Schwimm-Bundestrainer Johannes Bruns, der auch seinen zweiten Gold-Schützling, Kay Espenhayn, lobte: »Zwei Rennen, zwei Goldmedaillen, zweimal Weltrekord. Kay ist so sensationell drauf, dass sie für mich auch in ihren weiteren Rennen eine Medaillenbank ist.«

Kay Espenhayn nach den Paralympics in Atlanta 1996

Glückwunschkarte im Medaillenregen
Karen, 25. August 1996, Dresden

Liebe Kay,

ich weiß überhaupt nicht, wie und wo bzw. wozu ich Dir gratulieren soll. Ich bin seit Deinem ersten Weltrekord über 150m Lagen genauso aus dem Häuschen wie die kleine Maus auf dem Bild.
 Ich freue mich für Dich so sehr, daß ich keine richtigen Worte finde. Du bist eben einfach (Welt-)Klasse im Wasserbecken.
 Ich habe meine ganze Umwelt angespornt, sobald sie was neues von Atlanta wußten, mich anzurufen. Sogar Herr P. rief mich an, als Du Deine 2. Goldmedaille erschwommen hast. Ich habe auch nicht vergessen, daß Du am 20. 8. Geburtstag hattest. Ich wünsche Dir nachträglich alles erdenklich Gute, vor allem immer eine gute Fahrt ohne erneutes Trauma.
 Du bist bestimmt (für mich warst Du es bereits) ab sofort eine gefragte Frau und wirst nicht wissen, wie Du Deine Termine alle unter Dach und Fach bringen sollst.
 Ich muß Dir einfach noch mal sagen, daß mein Herz vor Freude schneller geschlagen hat und mir vor Freude die Tränen in den Augen standen. Liebe Kay, ich bewundere Dich, wie Du in der Lage bist, trotz aller Probleme solche Leistungen zu vollbringen.
 Ich wäre gerne dabei gewesen, um Dich zu unterstützen und Dir in allen Dingen zu helfen, aber sicherlich bzw. hoffe ich, daß das andere für mich gemacht haben.
 Ich rufe Dich demnächst an. Vielleicht klappt es mal, dass wir uns mal wiedersehen, Du kleiner »Kahlkopf«.
 Es grüßt Dich lieb

Deine Karen

Deutsche Behindertensportler sammeln fleißig Medaillen
LVZ, 26. August 1996

Atlanta (sid/dpa). Schon bevor die zehnten Paralympics, die Olympischen Spiele der Behindertensportler, gestern Abend in Atlanta mit einem farbenprächtigen Spektakel zu Ende gingen, zog der Deutsche Behinderten-Sportverband (DBS) ein überaus positives Fazit: »Wir bewerten sowohl die sportliche Leistung unserer Mannschaft als auch die breite Medienberichterstattung in Deutschland als großen Erfolg«, sagte DBS-Präsident Theodor Zühlsdorf, ehe er und die insgesamt 3500 Athleten von den Rock'n'Roll-Legenden Jerry Lee Lewis, Chubby Checker und den Four Tops bis Sydney 2000 in den vierjährigen »Ruhestand« verabschiedet wurden.

Theodor Zühlsdorf und seine Funktionärs-Kollegen konnten zu recht zufrieden lächeln. Denn bis Redaktionsschluss hatten die deutschen Athleten 138 Medaillen (34 Gold / 54 Silber / 50 Bronze) gewonnen und damit zumindest bei der amerikanischen Zählweise, die nur die Anzahl der Medaillen aufaddiert, den angestrebten zweiten Platz inne. Die »klassische« europäische Zählweise sah die Deutschen auf Rang fünf.

»Die breite Berichterstattung hat bestätigt, dass die Paralympics zu einem Top-Sportereignis herangewachsen sind«, sagte Zühlsdorf. »Wir freuen uns darüber und wollen auf diesem Wege weitermachen«, blickte er hoffnungsvoll in die nahe Zukunft, die möglicherweise das mit sich bringen wird, was die Behindertensportler aller Kontinente ersehnen: das Zusammengehen mit den Olympischen Spielen.

Am vorletzten Wettbewerbstag gab es für die deutschen Athleten noch einmal eine Medaillenflut in Form von 15 Plaketten, darunter gleich sechsmal Gold durch Christiane Pape (Tischtennis), Thomas Kreidel (ebenfalls Tischtennis), Stefan Löffler (100-m-Brust/Schwimmen), Yvonne Hopf (100-m-Rücken/Schwimmen), Jörg Schiedek (Speerwerfen/Leichtathletik) und die 4x100-m-Staffel der Herren (Leichtathletik).

Kay Espenhayn aus Leipzig gewann mit ihrem zweiten Platz über 50 m Freistil ihre sechste Schwimm-Medaille und war damit die erfolgreichste Athletin des DBS.

»Einfach irre, mein Ziel vor den Spielen war eine Goldmedaille, jetzt habe ich drei Rennen gewonnen und zwei Weltrekorde aufgestellt«, freute sich die 28jährige, die auf den Rollstuhl angewiesen ist und nun von einer Einladung in das Sportstudio des ZDF träumt. »Eigentlich stehe ich nicht so gern im Mittelpunkt, aber das wäre schon etwas Besonderes…«

Nicht nur das gute Abschneiden seines Schwimmkaders um Kay Espenhayn lässt den

DBS optimistisch in die Zukunft blicken. »Solch großartige sportliche Erfolge helfen uns bei unseren Bemühungen, mit einer breiten Marketing-Offensive für die Unterstützung des Behindertensports zu werben«, sagt Zühlsdorf. Noch in diesem Herbst will der Verband Nägel mit Köpfen machen und – ähnlich wie bei den Olympischen Spielen – einen Top-Partnerpool aus mehreren deutschen Unternehmen gründen, der die Finanzierung eines vorerst auf vier Jahre angelegten Förderprogramms zugunsten der Verbesserung der Infrastruktur im Behindertensport sichern soll.

Fleißigste Medaillensammler waren neben den Schwimmern die deutschen Leichtathleten, die am Sonnabend auch die kurioseste Medaille gewannen. Im 4x100-m-Rennen belegten die Deutschen den dritten Platz, bekamen aber im Nachhinein Gold zugesprochen, nachdem die anderen drei teilnehmenden Mannschaften wegen Wechselfehlern disqualifiziert wurden.

Paralympics-Siegerin wieder daheim
LVZ, 27. August 1996

Leipzig (EB). Großer Bahnhof gestern Abend auf dem Flughafen Leipzig-Halle. Die dreifache Paralympics-Siegerin im Schwimmen, Kay Espenhayn, wurde von Verwandten, Freunden und Sportfunktionären – unter ihnen Trainer Hanno Mertens und Sportamts-Chef Siegwart Karbe – begeistert empfangen. Auch ihr Vereinskamerad vom Behindertensport-Verein Leipzig, Silbermedaillengewinner Thomas Grimm, kehrte aus Atlanta zurück.

Dagegen hängten Bronzemedaillengewinner Geert Jährig und Endlauf-Schwimmer Uwe Köhler noch ein paar Urlaubstage in den USA dran. Die sächsischen Starter übertrafen mit vier Gold-, sieben Silber- und sechs Bronzemedaillen ihr Abschneiden von Barcelona 1992 (2/0/4) um Längen. Die deutsche Mannschaft erhielt unter anderem Glückwünsche von Bundespräsident Roman Herzog.

Skisprungidol, Behindertenschwimmerin Kay Espenhayn und Leipziger Handballdamen Sachsens Sportler 1996

Thomas Prenzel, Freie Presse, 17. März 1997

Schwimmerin Kay Espenhayn drehte sich fröhlich mit dem Rollstuhl auf der Tanzfläche im Dresdner Kulturpalast; die Leipziger Handballdamen sangen Karaoke nach Marianne Rosenbergs Erfolgstitel »Er gehört zu mir«; und die Gewichtheber-Asse aus Chemnitz banden eine 11,4 Meter lange Krawatte. Sachsens Spitzenathleten machen beileibe nicht nur in den Wettkampfarenen der Welt eine gute Figur: Beim Sportlerball am Sonnabend in Dresden stellten die besten Aktiven des Freistaates ebenfalls eindrucksvoll ihre Vielseitigkeit unter Beweis.

Die Handballfrauen liefen dabei zu Höchstform auf. Nachdem sie am Nachmittag in der Bundesliga mit dem 31:30-Triumph gegen Dortmund auf den zweiten Tabellenplatz kletterten, eroberten die Schützlinge von Maik Nowak bei der Auszeichnungsveranstaltung die Herzen der Gäste und mit ihrer guten Laune auch die von Stargast Frank Zander.

Schon im Vorfeld ernteten die Messestädterinnen die Sympathien der Sachsen, die den DHB-Pokalsieger und letztjährigen deutschen Vizemeister zur Mannschaft des Jahres wählten. »Für uns kann es gegenwärtig nicht besser laufen. In der Bundesliga sind wir jetzt in Dauerstellung, im Pokal auch noch dabei, und im Europacup soll im Halbfinale auch noch nicht Schluss sein«, verriet Kapitän Kerstin Mühlner, bevor die Damen wieder mit in Zanders Hit »Hier kommt Kurt« einstimmten.

Der eine Kurt, seines Zeichens Sachsens Ministerpräsident Biedenkopf, war tatsächlich zum Ball erschienen. Schließlich treibt laut Statistik jeder zehnte Sachse – in einem Verein organisiert – Sport. Im nächsten Jahr könnte die Mitgliederzahl der Sporttreibenden im Freistaat schon die magische »halbe Million« übertroffen haben. »Das stimmt uns natürlich zuversichtlich«, schätzte der Präsident des Landessportbundes (LSB), Andreas Decker, ein.

…

Am Samstag stand eher die Gemütlichkeit im Vordergrund, die jedoch durch die Abwesenheit vieler Athleten etwas getrübt wurde. So freute sich der über eine Video-Leinwand im Saal zugeschaltete Jens Weißflog in Oslo, wo er gestern das Holmenkollen-Skispringen für das ZDF mitkommentierte, über seine Wahl zum Sportler des Jahres 1996. Zum vierten Mal in Folge stand der Oberwiesenthaler, der als erster Athlet der Welt zum vierten Mal die Vierschanzentournee gewonnen hatte, in der Gunst der Wähler ganz oben und avancierte damit zum sächsischen Krösus. Selbst Lars Riedels Diskusgold in Atlanta reichte nicht, um den populären Erzgebirger vom

Spitzenplatz zu verdrängen. Das Chemnitzer Leichtathletik-Ass weilt gegenwärtig zum Training in Portugal und konnte deswegen nicht, wie der drittplazierte Gewichtheber vom Chemnitzer AC, Marc Huster, die Glückwünsche persönlich entgegennehmen.

Auch Riedels Vereinsgefährtin Ilke Wyludda bereitet sich gegenwärtig in Portugal auf die neue WM-Saison vor. Für die Diskus-Olympiasiegerin vom LAC Chemnitz reichte es bei den insgesamt 3.000 Einsendungen zu Rang zwei hinter Überraschungssiegerin Kay Espenhayn. Die Schwimmerin vom Behindertenverein Leipzig freute sich riesig über die Ehrung: »Es war schon ein schönes Gefühl, bei den Nichtbehinderten dabeizusein.

Und dann noch ganz oben zu stehen, ist natürlich super«, sagte die dreifache Gold-, zweifache Silber- und Bronzemedaillengewinnerin bei den Paralympics in Atlanta. Übers ganze Gesicht strahlte die Leipzigerin, obwohl sie unter ärztlicher Aufsicht direkt von der Rehaklinik in Kreischa nach Dresden und am späten Abend wieder zurück reiste. Nach einer Bandscheibenoperation und einem Autounfall ist sie auf den Rollstuhl angewiesen. An Fröhlichkeit und Lebensmut scheint die 28jährige mit der Igelfrisur dennoch nichts eingebüßt zu haben. Ihre Aufzeichnung auf dem Sportlerball wird der sympathischen Athletin gewiss noch besser über die schweren Schicksalsschläge hinweghelfen.

Kay Espenhayn bei der Ehrung zu Sachsens Sportler des Jahres 1996

Foto: Dallü

Kay Espenhayn bei der Überreichung des BILD-Osgars (1997)

Der »Osgar« für Kay Espenhayn – weil sie Leipzigs beste Sportlerin ist
Bild-Zeitung, 19. März 1997

Ein Bandscheiben-Leiden fesselte die leidenschaftliche Sportlerin im März 1993 an den Rollstuhl. Sie ist querschnittsgelähmt. Doch Kay Espenhayn (28) gibt nicht auf. Sie wird Leistungs-Schwimmerin, tritt 1996 bei den Paralympics in Atlanta an. Und gewinnt drei goldene, zwei silberne und eine Bronze-Medaille. Im September 1997 will Kay Espenhayn in der Behinderten-EM im italienischen Riccione antreten. Sie bekommt den »Osgar« für ihren bewundernswerten Kampfeswillen, der vielen Menschen – nicht nur im Rollstuhl – neuen Lebensmut gibt.

Schmetterling in Rekordlaune – Kay Espenhayn schafft Anschluss
Frank Schober, LVZ, 28. März 2000

…

Die meisten Leipziger sind im Hinblick auf die Paralympics-Nominierung Ende Mai bei den Deutschen Meisterschaften in Berlin sowie Anfang Juni bei den British Open in Sheffield auf gutem Weg. Auch Paralympics-Siegerin Kay Espenhayn feierte nach dreijähriger Krankheitspause ein vielversprechendes Comeback: Vom internationalen Medaillenbereich ist sie auf den Freistilstrecken nur noch wenige Sekunden entfernt. Sie startete mit zwei dritten Plätzen ins Olympiajahr – in Sachsen gibt es auch nur einen Sieger pro Disziplin, da alle Schadensklassen am jeweiligen Weltrekord gemessen und in eine einheitliche Rangliste eingearbeitet werden. »Es ist also viel schwerer, Sachsenmeister zu werden als Deutscher Meister«, sagt Geert Jährig nicht ohne Stolz. Ausgerechnet dessen eigene Startkarte für die 100 m Rücken war verschwunden, sodass der Paralympics-Sieger von 1992 nur in den Staffeln zum Einsatz kam.

Der erfahrene Uwe Köhler erwischte zwei sehr gute Rücken-Rennen und gewann erstmals die 100 Meter. »Seine Wasserlage ist durch seine Behinderung jeden Tag anders. Diese Woche lag er so gut wie selten auf dem Wasser«, freute sich auch Trainer Hanno Mertens. Stefan Oppel (alle BVL) glänzte als Sieger über 50m Schmetterling (31,8s). Über 100m Freistil brach er zwar auf den letzten 15 Metern ein. Mit 1:03,4 min knüpfte er dennoch an seine Kurzbahnzeiten an, die Olympianorm von 1:01,5 min scheint durchaus im Bereich des Möglichen zu liegen.

…

Weltrekord durch Kay Espenhayn
LVZ, 29. Mai 2000

Berlin. Die dreifache Paralympics-Siegerin Kay Espenhayn vom Behindertensportverein Leipzig stellte bei den internationalen deutschen Meisterschaften in Berlin einen Weltrekord auf. Die querschnittsgelähmte Schwimmerin schlug über 100 m Rücken nach 1:52,72 min an. Insgesamt wurden fünf Weltbestmarken erzielt – eine gelang Maria Götze (Chemnitz).

Kay Espenhayn – sie erzielte bei sechs Starts fünfmal Gold, war jedoch nicht mit allen Zeiten zufrieden – zeigte sich selbst überrascht: »Da die 100 m Rücken nicht olympisch sind, wusste ich gar nicht, wo der Weltrekord stand.« Insgesamt glänzten die Leipziger mit 20 Titeln, Deutsche Rekorde gingen auf das Konto von Claudia Knoth und Christian Goldbach. Auch Uwe Köhler, Stefan Oppel und Altmeister Geert Jährig wahrten ihre Chance auf eine Teilnahme an den Paralympics im Oktober in Sydney.

Fünf Behinderte starten in Sydney
LVZ, 6. Juni 2000

Sheffield. Großer Erfolg für den Leipziger Behindertensportverein (BVL): Erstmals schaffen in diesem Jahr gleich fünf Schwimmer der Messestadt den Sprung zu den Paralympics im Oktober nach Sydney. Angeführt wird das Quintett von der dreifachen Goldmedaillengewinnerin von Atlanta, Kay Espenhayn, sowie Geert Jährig, der 1992 in Barcelona Gold gewann und nun auf seine dritten Paralympics zusteuert. Zum zweiten Mal wurde auch Uwe Köhler nominiert, die erste Behinderten-Olympiade erleben Claudia Knoth und Christian Goldbach.

Fünf Leipziger Teilnehmer sind auch deshalb ein enormer Erfolg, weil die Anzahl der deutschen Schwimmer in Sydney trotz der Fülle von Schadensklassen auf 27 begrenzt wurde. Die endgültige Entscheidung für die Schützlinge von Hanno Mertens fiel am Wochenende bei den British Open in Sheffield, wo Claudia Knoth binnen einer Woche ihren Deutschen Rekord über 100 m Schmetterling erneut verbesserte. In 1:19,80 min blieb sie erstmals unter 1:20 und holte Silber. Geert Jährig steigerte sich ebenfalls deutlich gegenüber den Deutschen Meisterschaften und holte in 1:13,90 min Bronze über 100 m Rücken.

Kartengruß aus Sydney
Kay Espenhayn, September 2000

Liebe Mutti!

Wir haben schon die zweite Trainingseinheit weg und Du bist gerade auf Arbeit gegangen! Es lässt sich so schwer vorstellen, dass Ihr gerade Frühstück macht und wir schon richtig geackert haben. Aber das Training macht Spaß und es schwimmt sich auch gut. Nur ist das Wasser tüchtig kalt im Trainingsbecken. Im Wettkampfbecken war ich noch nicht. Die Halle ist ansonsten ganz klasse! Heute waren wir mal kurz in Sydney, im Aquarium, weil wir von Wasser eben nicht genug bekommen können. Da haben wir uns australische Fische angesehen, die um uns rumschwammen. Sogar Haie waren dabei. Das Wetter ist noch nicht so besonders. Es ist recht kühl und heute hat es den ganzen Tag geregnet. Unsere Unterkünfte sind ganz toll, nur sehr hellhörig. Das Essen ist auch sehr gut und für jeden etwas dabei!

Sei ganz lieb gegrüßt von Deiner
Kay

Behinderten-EM in Stockholm – Leipziger Schwimmer auf Medaillenjagd
Katja Gläß, LVZ, 31. Juli 2001

Europas Behindertenschwimmer kämpfen seit gestern bei der EM im schwedischen Stockholm um Edelmetall. Mit Geert Jährig, Stefan Oppel, Claudia Knoth und Kay Espenhayn vom Behindertenschwimmverein Leipzig (BVL) konnten sich vier Leipziger in die deutsche Nationalauswahl schwimmen.

Nach den nationalen Meisterschaften Ende Juni in Berlin hatten die Athleten von BVL-Trainerin Anke Tanz den letzten Schliff bekommen. »Wir haben das Training noch einmal verschärft«, so die 22jährige Sportstudentin. »Die abschließenden Leistungstests in der vergangenen Woche waren prima.« Die Schwimmer hoffen nun, ihre Form auf die 50-Meter-Bahn in Stockholm übertragen zu können. »Wir werden sehen, ob es ein Fehler war, auf unserer 25-Meter-Hausbahn zu trainieren«, erklärte Geert Jährig vor seiner fünften EM-Teilnahme.

Wie der 34-jährige ist auch Vereinskollegin Claudia Knoth in Stockholm Vielstarterin. Für insgesamt vier Einzelstarts hat sich die 17jährige qualifiziert. »Das einzige Problem ist, dass wir nicht wissen, wie die europäische Konkurrenz drauf ist«, sagte Claudia Knoth vor dem Abflug nach Stockholm.

Eine gute Verfassung bescheinigte BVL-Cheftrainer Hanno Mertens seinem Schützling Kay Espenhayn. »Die Ärzte haben grünes Licht gegeben, so kann Kay auf volle Belastung gehen«, sagte Mertens. Trainiert hatte die ehrgeizige Leipzigerin allein in der Uni-Schwimmhalle. »Reine Vorsichtsmaßnahme«, beruhigte Mertens. »Wir wollten nicht riskieren, dass sie sich bei einem Gerangel in der Gohliser Halle noch verletzt.«

Kay Espenhayn ist Leipzigs Botschafterin für Unicef
jr - BiS Januar 2002

Leipzig. Unicef hatte schon immer prominente Botschafter, erklärt die hiesige Büroleiterin Ulla Thier: So Sabine Christiansen, Katharine Hepburn, Peter Ustinov oder »007« Roger Moore. »Jetzt hat erstmals auch Unicef Leipzig mit Kay Espenhayn einen Botschafter – und wir sind sehr froh darüber. Kay kommt sozusagen gleich nach Roger Moore.«

Die superschnelle Schwimmerin, die seit einer missglückten Bandscheiben-OP an den Rollstuhl gefesselt ist, dreht den Spieß lieber um. »Es war das erste Mal, dass ich nach einer Schirmherrschaft gefragt wurde und zwar vom Jugendbeigeordneten Burkhard Jung. Ich habe mich sehr darüber gefreut, denn wir Behindertensportler werden nicht so oft für Werbezwecke ausgewählt. Es ist also auch ein Erfolg für uns.«

Kay, die in der Nähe vom Zentralstadion wohnt und jeden Tag drei Stunden trainiert, kam also mit zu den Treffen im Unicef-Laden am Thomaskirchhof 21. »Wir verstanden uns von Anfang an prima«, berichtet Ellen Harin, die ebenfalls zu den 21 durchweg ehrenamtlichen Mitarbeitern des Kinderhilfswerk in der Messestadt gehört. »Kay ist für uns ein leuchtendes Beispiel, dass man trotz Handikaps viel erreichen kann.«

So wird die zehnfache Europameisterin bei Sportveranstaltungen für Unicef werben und öfter Autogrammstunden geben.

Erfolg als Lebensziel und Lebensinhalt?

Bei genauerer Betrachtung müsste man diese Frage vielleicht mit einem klaren Jein beantworten. Denn wenn man die Aussagen all derer vergleicht, die Kay Espenhayn »aus der Nähe« kannten, gelangt man leicht zu der Schlussfolgerung, dass die sportlichen Erfolge ihr ein Ausmaß an Anerkennung einbrachten, wie sie es als »Durchschnittsbehinderte« wahrscheinlich nicht hätte erwarten können. Und bestimmt auch nicht dann, wenn sie aus Rücksicht auf ihre Gesundheit ihre Bemühungen um Spitzenleistungen gedrosselt oder völlig abgebrochen hätte. Aus diesem Blickwinkel heraus erscheint es unbedingt verständlich, dass sie dem Schwimmen die oberste Priorität einräumte. Einige ihrer damaligen Freunde meinen, dass sie nichtsdestoweniger darauf hoffte, eines Tages auch ihre volle Gesundheit wiederzuerlangen.

Unbeabsichtigt ist sie dadurch teils zu einem unbedingt motivierenden Leitstern für andere Behindertensportler geworden, teils aber auch zu einer Art Idol, das für Betroffene mit weniger innerer Kraft noch immer nahezu unerreichbar erscheint. Und mancher war und ist auch nicht bereit nachzuvollziehen, dass jemand überhaupt die Wertigkeiten so setzt, wie es Kay Espenhayn während der Ära ihrer olympischen Erfolge getan hat.

Ihre optimistische und heitere Ausstrahlung, die ihr von ausnahmslos allen, die sie kannten, bescheinigt wird, war allerdings nicht erfolgsabhängig, sondern ihr eigen. So konnte keiner ihrer Krankenhaus- oder Reha-Aufenthalte ihr Wesen in dieser Hinsicht verändern und deshalb darf man getrost davon ausgehen, dass ihr *Erfolg* nur die natürliche *Folge* all dessen war, was bereits in ihr schlummerte und leben wollte.

Abschied und Gedenken

Ausklang

Am 15. September 2002 starb Kay Espenhayn im Alter von 34 Jahren. Ihr Wunsch, eine weitere Chance zu bekommen und an den Weltmeisterschaften in Argentinien teilzunehmen, erfüllte sich nicht mehr.

Von außen betrachtet, hatte sie ungeheuer viele Schicksalsschläge hinnehmen müssen. Sie selbst aber hätte vermutlich bestätigt, dass ihr Lebensmotto, das auch das Motto dieses Buches ist, sich bewahrheitet hat. Obwohl nach Jahren, Monaten und Tagen gerechnet kurz, lebte sie dennoch unwahrscheinlich intensiv. Sie griff nach den Sternen und konnte einige davon für sich herabholen. Bei näherer Betrachtung bestanden sie aus Edelmetall, doch ihr ideller Wert war es, nach dem sie strebte. Dieser verschaffte ihr ein beträchtliches Maß an Anerkennung und Bewunderung; andererseits aber war sie selbst es, die durch ihre Ausstrahlung all denen, die mit ihr in Berührung kamen, ein Geschenk machte.

Nicht allein ihr Optimismus, ihre Lebensfreude und ihr sportlicher Kampfgeist hinterließen einen bleibenden Eindruck, sondern vor allem die geheimnisvolle Kraft, die es ihr nicht nur ermöglichte, nach jedem Rückschlag in das Schwimmbecken zurückzukehren, sondern auch viele ihrer Mitmenschen stärkte.

Es wäre daher unangebracht, Kay wegen ihres vergleichsweise kurzen Lebens zu bedauern. Es wäre unangebracht, sie allein auf ihre sportlichen Erfolge zu reduzieren. Und es wäre auch unangebracht, ihr eine psychologisch fragwürdige Motivation oder den absichtlichen Raubbau an ihrem Körper zu unterstellen.

Denn: *Wer ihre Porträtfotos betrachtet, blickt in die Augen eines glücklichen Menschen.*

Trauer

Sehr geehrte, liebe Frau Espenhayn,

mit großer Bestürzung und tief bewegt habe ich vom Tod Ihrer Tochter – unserer Kay erfahren. Lassen Sie mich Ihnen von Herzen mein tiefes Beileid ausdrücken – ich bin sehr traurig.

Ihre Tochter hat in ihrem jungen Leben so viel durchmachen und ertragen müssen – und trotzdem strahlte sie Lebensmut und Optimismus aus. Ihre sportlichen Erfolge, vor allem aber ihre menschliche Wärme brachten Kay viel Sympathie weit über Leipzig hinaus.

Sie fehlt uns schon jetzt sehr!

Ich fühle mich Ihnen in Ihrer Trauer sehr verbunden. Vielleicht tröstet Sie der Gedanke: Die Mitte der Nacht ist der Beginn des Tages! Mögen Sie viel Kraft in diesen Tagen haben.

Herzlichst, Ihr W. Tiefensee

Gedenken eigener Art

Zu Silvester zünden wir immer jeweils eine Rakete für Kay Espenhayn.
Und unsere Tochter, die am 17. August 2009 geboren wurde, trägt den Namen Tamina-Kay.

Andrea Kubitzki-Lindner

Wie ein Fisch im Wasser

– so kannten wir unsere Kay. Auch wenn ihr Leben nicht einfach war, verbunden mit Tiefen und auch sehr vielen Höhen – Kay schaute immer nach vorn.

Regelmäßige Besuche verbanden uns mit Kay. Einmal im Monat habe ich ihr das Haar geschnitten, wie immer konnte es nicht kurz genug sein. Und wenn die Haarpracht vom Kopf fiel, fühlte sich Kay wieder leichter und schneller im Wasser.

Wir erlebten schöne und lustige Stunden, wie zum Beispiel beim Brunch im Hotel *Merkur*, oder wir schauten über Leipzig bei Nacht. Es war einfach wunderschön. Kay sammelte in solchen Momenten Kraft und tankte wieder Energie für den nächsten Wettkampf.

Als Kays Begleitperson (Oliver) kann ich sagen:

Kay lernte durch ihre großartigen Leistungen auch eine andere Welt kennen. Zum Beispiel waren wir bei der Bild-Osgar-Verleihung; es war ein Abend mit viel Prominenz und Schauspielern. Sie als bescheidener Mensch, der sie immer war, hatte es geschafft, durch ihre großartigen Leistungen im Rampenlicht zu stehen.

Mit viel Spaß und Freude unterhielt sie sich mit den Menschen.

In Seefeld waren wir gemeinsam, um Gesundheitsbetten und -matratzen auszutesten. Es war ein Superzimmer, behindertenfreundlich, sowie nettes Personal. Auch auf dieser langen Reise, die wir hinter uns hatten, wurden wir durch die herrliche Landschaft und Luft entschädigt.

Ein weiteres besonderes Ereignis in Kays Leben war der Empfang nach Sydney in Berlin, im Reichstag. Der Verteidigungsminister Rudolf Scharping ehrte alle Olympioniken für ihre hervorragenden Leistungen. Es fand auch ein Erfahrungsaustausch unter den Sportlern statt.

Durch ihre schwere Krankheit hat Kay uns verlassen. Was sie uns auf den Weg mitgegeben hat und was wir von ihr lernen durften, lässt sich vielleicht folgendermaßen zusammenfassen:

– lebenslustig sein,
– nach vorn schauen,
– an einem Ziel dran bleiben,
– kämpfen, auch wenn es schwierig wird,
– Mut behalten, nicht aufgeben.

Für all das sind wir Kay dankbar und erinnern uns immer an sie.

Katja und Oliver

Bleibend im Gedächtnis ihrer Heimatstadt

Obwohl sich die Welt im neuen Jahrtausend noch schneller zu drehen scheint als im alten, möchte Leipzig das Gedenken an die tapfere und kraftvolle Schwimmerin aufrechterhalten, denn der Eindruck ihres zeitlich wohl kurzen, aber sehr intensiven Lebens hallt lange in denen nach, die sich an sie erinnern. Eine spezielle Initiative ging von der Leitung der Sportmittelschule in der Max-Planck-Straße aus.

Der Kay-Espenhayn-Gedenklauf
Anita Kühn, Schulleiterin der Sportmittelschule Leipzig

Am Rande einer Fachausschusssitzung des Stadtrates fragte mich Herr Jung, damals noch Beigeordneter für Schule, Soziales, Gesundheit, ob ich nicht eine Idee hätte, wie in der Stadt Leipzig das Gedenken an Kay Espenhayn wach gehalten werden könne. Die Ehrung sollte in einer würdigen Form erfolgen, die dem Leben und den erreichten Erfolgen der Schwimmerin angemessen sei.

Nach Rücksprache mit dem Kollegium der Schule kam der Gedanke auf, den jährlich stattfindenden Ausdauerlauf, bei dem es für jeden Sportler gilt, Einsatz und Kampfbereitschaft unter Beweis zu stellen, Kay Espenhayn zu widmen.

Im Jahr 2005 fand dieser Lauf dann im Beisein von Frau Espenhayn erstmalig als Gedenklauf statt. Dieser Tag war ein bewegendes Erlebnis für Schüler, Eltern, Lehrer und besonders die Mutter der Schwimmerin, der es jedes Jahr aufs Neue sehr schwer fällt, vor den Sportlern über den Lebensweg ihrer Tochter zu sprechen. Wir alle waren sehr beeindruckt, welchen Kampfgeist die Sportler in dem sich an die Ehrung anschließenden Lauf erbrachten. Dieser findet seitdem jährlich statt.

In der Zwischenzeit ist er neben der Ehrung für Kay zu einem Spendenlauf geworden, bei dem besonders Eltern und Großeltern als Sponsoren für engagierte Laufleistungen auftreten.

Im vergangenen Schuljahr wurde im Rahmen des UNICEF-Engagements der Stadt Leipzig ein Teil des Geldes an die UNICEF überwiesen; die verbleibende Summe kommt dem Förderverein der Schule zugute. Für unsere Schüler ist Kay Espenhayn in ihrem sportlichen Wirken ein Vorbild. Der Schaukasten, in dem ihr Lebensweg, ihre sportlichen Erfolge und ihr Kampf im Umgang mit ihrer Krankheit dokumentiert werden, ist immer wieder Anziehungspunkt für Eltern und Besucher der Schule, besonders aber für die Neuzugänge in Klassenstufe 5, beziehungsweise die Sportler, die aus ganz Deutschland als Talente an unsere Schule kommen.

Schritt für Schritt für UNICEF
Richard Kästner, LVZ, 28. August 2009

Fröhliche Gesichter, strahlender Sonnenschein: Über 400 Mädchen und Jungen der Sportmittelschule rannten gestern vormittag für einen guten Zweck im Leichtathletikstadion der Nordanlage über die Tartanbahn.

Mit den Worten »Kämpft bis zuletzt, nicht nur im Sport, sondern auch im Leben!«, schickte Monika Espenhayn die Schüler auf die Runde. Sie ist die Mutter der 2002 verstorbenen, elffachen Paralympics-Medaillengewinnerin Kay. Als Schwimmerin im Behindertensportverband sammelte die Leipzigerin unzählige Erfolge und wurde 1996, als sie drei Goldmedaillen in Atlanta holte, zu Sachsens Sportlerin des Jahres gekürt. Ab 2001 war sie zudem als UNICEF-Botschafterin tätig.

Schulleiterin Anita Kühn erklärte den Modus des Laufes: »Jedes Kind hat mit seinen Eltern

Foto: Norman Rembarz

einen Vertrag gemacht. Pro gelaufener Runde spenden die Eltern einen kleinen Beitrag an UNICEF.« Damit seien die Nachwuchsathleten zusätzlich motiviert. Die besten laufen in einer Stunde 30 Runden à 400 Meter. Dadurch kann die Schule eine ansehnliche Summe an das Kinderhilfswerk spenden.

Die Klasse 7b hatte sich noch etwas Besonderes ausgedacht: Für jede Runde, die ihr Klassenlehrer lief, gaben die Schüler selbst einen Obolus.

Der Gedenklauf wurde bereits zum vierten Mal ausgetragen. Nach dem Tode Kay Espenhayns im Jahr 2002 wusste ihre Mutter Monika nicht genau, wie sie mit den sportlichen Hinterlassenschaften verfahren sollte. Die Medaillen und die Nationalmannschaftskleidung erhielt das Sportmuseum. Dort wurde alles katalogisiert, allerdings kam ein großer Teil, 130 Medaillen*, mangels Kapazitäten wieder zurück.

»Da Kay Unicef-Botschafterin war, wandte ich mich deshalb an ihren Nachfolger, den jetzigen Oberbürgermeister Burkhard Jung«, erzählt Frau Espenhayn, »Dieser wiederum stellte den Kontakt zu Frau Kühn von der Sportmittelschule her.« Bald war der Kay-Espenhayn-Gedenklauf geboren. Viele der Medaillen liegen immer noch in Kisten, sollen aber für den guten Zweck ihre Bestimmung finden. Monika Espenhayn, die im vergangenen Jahr zum ersten Mal persönlich beim Gedenklauf anwesend war, gab den jungen Sportlern mit auf den Weg, dass »sportliche Erfolge nicht den Vorrang haben, sondern Optimismus, Beharrlichkeit und Liebe zum Sport. Dafür stand Kay.«

* Auch hier liegt ein Missverständnis vor: Es handelt sich um nur 45 Medaillen. – *Anm. M. Espenhayn.*

Behinderte und Sport

Behindertensportler unter sich
Hanno Mertens

Als ich Trainer bei den Behindertenschwimmern wurde, war das vor allem anfangs für mich eine sehr schöne Zeit und eine bereichernde Erfahrung. Mir schien, als gingen diese Menschen solidarischer und rücksichtsvoller miteinander um als es sonst im Leistungssport der Fall ist, und ich genoss die Stunden, die ich mit ihnen verbringen konnte.

Nach einigen Jahren jedoch änderte sich das; zumindest entstand in mir das Gefühl, dass sich der Wind drehte. Je länger die sogenannte »Wende« zurücklag, desto leistungsorientierter und desto konkurrenzbewusster wurden die Sportler und auch gewisse »Grabenkämpfe« unter den Behinderten konnte ich beobachten.

Die Schadensklassen, die zu unterschiedlichen Leistungsbewertungen führen, lassen sich durchaus auch in gewissem Maße manipulieren.

Man kann im Schwimmbecken so tun, als sei man extrem beeinträchtigt und danach unter der Dusche munter umherspringen, weil die Behinderung eben in Wahrheit gar nicht so heftig ist.

Hierzu möchte ich für Kay Espenhayn meine Hand ins Feuer legen. Über dergleichen war sie erhaben. Oft genug habe ich sie aus dem Becken in den Rollstuhl gehoben und es war manchmal schwierig, sie vor dem Abrutschen und Zurückgleiten ins Wasser zu bewahren. In ihrem Fall wären Unterstellungen von Manipulation geradezu lächerlich gewesen.

Im Grunde war alles so, wie es auch unter Nichtbehinderten abläuft: Man tut, was man kann und hat dennoch nicht nur Freunde. Warum sollte Kay Espenhayn da eine Ausnahme darstellen?

Der Behindertensportverein Leipzig e. V.
(Auszug: Informationsblatt Behindertensportverein Leipzig e. V).

… wurde 1990 als Nachfolger der Sektion Versehrtensport in der BSG Chemie Leipzig gegründet und setzt als gemeinnütziger Verein die seit 1945 bestehende Tradition des Behindertensports in Leipzig fort. Die Mitgliederzahl bewegt sich seit einigen Jahren konstant um etwa 370 Sportler. Fast alle davon sind behinderte Menschen (körperlich behindert, sehgeschädigt, geistig behindert oder chronisch Kranke), und mehr als ein Viertel ist noch minderjährig. Das Sportangebot des BVL umfasst Schwimmen, Sitzvolleyball, Goalball, Reha-Schwimmen, Wassergymnastik und therapeutisches Reiten.

Die Abteilung Sportschwimmen zählt etwa 125 Aktive, wovon fast die Hälfte Kinder und Jugendliche sind.

Die Wettkampfschwimmer sind bisher die erfolgreichsten Sportler des Vereines. Neben ungezählten nationalen Erfolgen bei Deutschen Meisterschaften und Jugendmeisterschaften konnte der BV Leipzig seit seinem Bestehen in jedem Jahr mindestens einen Sportler zu einer internationalen Großveranstaltung des Behindertensports entsenden – und das mit ansteigender Tendenz. Für die Paralympics 1992 in Barcelona qualifizierten sich zwei BVL-Sportler (Geert Jährig, Uwe Köhler) und zu den Paralympics 1996 in Atlanta fuhren bereits vier Sportler (Geert Jährig, Uwe Köhler, Thomas Grimm, Kay Espenhayn).

Wurden für die EM 1997 in Perpignan schon fünf Schwimmer aus den Reihen des BV Leipzig nominiert (Geert Jährig, Uwe Köhler, Thomas Grimm, Claudia Knoth, Christian Goldbach), stieg die Zahl unserer EM-Teilnehmer 1999 in Braunschweig auf nicht weniger als 7 Sportler (Geert Jährig, Uwe Köhler, Thomas Grimm, Claudia Knoth, Christian Goldbach, Stefan Oppel, Marcus Hopf) und einen Betreuer (Hubertus Goldbach) an.

Die erfolgreiche Bilanz der BVL-Schwimmer bei Paralympics, Welt- und Europameisterschaften umfasst bereits 14 Gold-, 7 Silber- und 17 Bronzemedaillen. Hinzu kommen zahlreiche weitere Endlaufplatzierungen sowie Titel und Pokale bei internationalen Wettkämpfen und offenen internationalen Meisterschaften. Der BV Leipzig verfügt im Nachwuchsbereich/Schwimmen des Deutschen Behindertensportverbandes (DBS) derzeit über die größte und leistungsstärkste Trainingsgruppe innerhalb der Bundesrepublik Deutschland. Aus den eigenen Reihen schafften bislang bereits 11 junge Sportler den Sprung in die Jugend-Nationalmannschaft des DBS, wovon 5 sogar weitergehende Nominierungen für EM/WM oder Paralympics erhielten. Bei Deutschen Jugendmeisterschaften und beim Jugend-Länder-Cup, dem größten Wettkampf für Kinder und Jugendliche innerhalb des Deutschen Behindertensportverbandes, traten unsere jungen BVL-Schwimmer bisher jedes Jahr mit starker Präsenz auf vorderen Medaillenplätzen in Erscheinung. Für die erfolgreiche ehrenamtliche Arbeit wurde der BV Leipzig 1996 mit dem Nachwuchsförderpreis der Dresdner Bank »Das grüne Band für vorbildliche Talentförderung« ausgezeichnet.

Behindertensportverein Leipzig
Am Sportforum 10
04105 Leipzig
Telefon: 0341 / 96 14 362
Telefax: 0341 / 96 14 362
E-Mail: kontakt@bvleipzig.de

Anhang

Wettkämpfe, Meisterschaften, Ergebnisse

Im Nachfolgenden soll eine Übersicht bezüglich aller Sportspiele und Wettkämpfe gegeben werden, an denen Kay Espenhayn beteiligt war, unter Nennung der erreichten Ergebnisse, der Anzahl und Art der Urkunden, Medaillen usw. Da sämtliche Angaben auf die der jeweils vorhandenen Urkunden zurückgreifen, sind sie nicht vollständig, sondern können nur einen vorläufigen Überblick geben.

Die Auszeichnungen selbst befinden sich entweder (als Schenkung von Monika Espenhayn) im Besitz des Stadtgeschichtlichen Museums Leipzig – Sportmuseum, Am Sportforum 10, 04105 Leipzig oder im Privatbesitz der Mutter der Sportlerin.

Weihnachtsschwimmfest 1993
Austr.-Ort: Hoyerswerda, Sachsen
Austr.-Zt.: 11. Dezember 1993
Ergebnisse: 50 m Rücken 1:00,03 min
50 m Brust 1:16,60 min
50 m Freistil 1:00,76 min
Platzierg. 6. Platz, Gesamtpunktzahl 2300, 1 Urkunde

4. Sachsenmeisterschaften im Schwimmen
Austr.-Ort: Leipzig, Sachsen
Austr.-Zt.: 23./24. April 1994
Ergebnisse: 50 m Brust 0:43,20 min (1:12,0 min), Wertg. S6/SB2/SM6*
100 m Brust 1:42,06 min (2:50,1 min), Wertg. S6/SB2/SM6*
50 m Freistil 1:00,76 min
Platzierg. 2 × 2. Platz, 2 Urkunden, 2 Silbermedaillen

* Faktorenumrechnung n. Blomquist

10. Internationaler offener Jenaer Schwimmwettkampf
Austr.-Ort: Jena, Thüringen
Austr.-Zt.: 5. März 1994
Ergebnisse: 50 m Brust 1:08,4 min
100 m Brust 2:33,5 min
50 m Rücken 0:57,8 min
50 m Freistil 0:53,9 min
Platzierg. 2 × 1. Platz, (B2 VKL/B3 VKL), 2 Urkunden (50/100 m Brust)
2 × 3. Platz, (S6 VKL), 2 Urkunden (je 50 m Rücken u. Freistil)

Internationale Offene Deutsche Meisterschaften im Schwimmen
Austr.-Ort: Hannover, Niedersachsen
Austr.-Zt.: 2./3. Juli 1994
Ergebnisse: 50 m Brust Damen (Off. Kl. BS2) 1:14,95 min
100 m Brust Damen (Off. Kl. BS2) 2:48,28 min
50 m Rücken Damen (Off. Kl. S6) 0:55,94 min
100 m Rücken Damen (Off. Kl. S6) 2:12,58 min
50 m Freistil Damen (Off. Kl. S6) 0:55,17 min
Staffel:
LV Sachsen: Bianca Brete, Maria Götze, Kay Espenhayn, Sylvia Zimmer
4 × 50 m Freistil Damen (Off. Kl.) 3:39,95 min
LV Sachsen: Uwe Köhler, Geert Jährig, Andreas Frank, Kay Espenhayn
4 × 50 m Lagen Herren (Off. Kl.) 3:22,85 min
Platzierg. 2 × 1. Platz, 2 Urkunden (50/100 m Brust)
3 × 2. Platz, 3 Urkunden (50/100 m Rücken/Freistil)
Intern. Deutscher Meister (Damen-Staffel), 1 Urkunde
Zweiter (Herren-Staffel Lagen), 1 Urkunde
3 Goldmedaillen, 4 Silbermedaillen

Hallenmeisterschaft Leichtathletik

Austr.-Ort: Dresden, Sachsen
Austr.-Zt.: 28. Januar 1995
Ergebnisse: 400 m Rollstuhlfahren 2:01,8 min (SK T3) Sachsenm.
Kugelstoßen (SK F4) 2,98 m 3.
Platzierg. 1 × 1. Platz (Sachsenmeister, Rollstuhlf.), 1 Urkunde
1 × 3. Platz, 1 Urkunde

Meisterschaft des Regierungsbezirkes Chemnitz im Schwimmen für Körperbehinderte und Sehgeschädigte

Austr.-Ort: Chemnitz, Sachsen
Austr.-Zt.: 1. April 1995
Ergebnisse: 100 m Rücken 1:30,5 min (2:05,7 min)
Staffel:
BV Leipzig: Espenhayn, Hoffmann, Spalteholz, Voidel
4 × 50 m Freistil 2:41,9 min
BV Leipzig: Espenhayn, Riedel, Hoffmann, Voidel
4 × 50 m Brust 3:51,1 min
BV Leipzig: Espenhayn, Riedel, Voidel, Hoffmann
4 × 50 m Lagen 3:11,9 min
Platzierg. 1 × 1. Platz, 1 Urkunde
2 × 2. Platz, 2 Urkunden
1 × 3. Platz, 1 Urkunde

Landesmeisterschaft Leichtathletik

Austr.-Ort: Leipzig, Sachsen
Austr.-Zt.: 13. Mai 1995
Ergebnisse: 60-m-Lauf (SK T3/F3) 21,3 s
Rundenfahren (SK T3/F3) 1:57,5 min
Kugelstoßen (SK T3/F3) 2,38 m
Korbzielwurf (SK T3/F3) 2 Pkte.
Platzierg. 4 × 1. Platz, 4 Urkunden

5. Offene Landesmeisterschaften Sachsens im Schwimmen
Austr.-Ort: Leipzig, Sachsen
Austr.-Zt.: 13./14. Mai 1995
Ergebnisse: 50 m Rücken 0:33,33 min (0:52,90 min)
100 m Rücken 1:12,39 min (1:54,90 min)
50 m Freistil 0:28,35 min (0:45,00)
100 m Freistil 1:04,70 min (1:42,70 min)
200 m Freistil 2:13,18 min (3:31,40 min)
Staffel:
BV Leipzig: Espenhayn, Scholich, Voidel, Hoffmann
4 × 50 m Freistil 2:11,89 min (2:31,60 min)
BV Leipzig: Espenhayn, Scholich, Voidel, Hoffmann
4 × 50 m Lagen 2:30,92 min (2:57,40 min)
Platzierg. 7 × Sachsenmeister, 7 Urkunden, 3 Goldmedaillen

Niederländische Meisterschaften im Schwimmen 1995
Austr.-Ort: Drachten, Niederlande
Austr.-Zt.: 10./11. Juni 1995
Ergebnisse: 100 m Brust (SB4) 2:20,17 min
100 m Rücken (S5) 1:52,61 min
50 m Freistil (S5) 0:46,50 min
100 m Freistil (S5) 1:42,80 min
200 m Freistil (SB5) 3:32,62 min
Platzierg. 5 × 1. Platz, 5 Urkunden, 5 Goldmedaillen

Internationale Offene Deutsche Meisterschaften im Schwimmen

Austr.-Ort: Köln, Nordrhein-Westfalen
Austr.-Zt.: 15./16. Juli 1995
Ergebnisse: 50 m Brust Damen (SK SB4) 1:13,52 min
 50 m Rücken Damen (SK S3) 0:55,39 min
 100 m Rücken Damen (SK S3) 1:55,81 min
 50 m Freistil Damen (SK S3) 0:46,60 min
 100 m Freistil Damen (SK S3) 1:38,48 min
 200 m Freistil Damen (SK S6) 3:29,30 min
 Staffel:
 LV Sachsen: Kay Espenhayn, Andreas Frank, Maria Götze, Andreas Günther
 4 × 50 m Freistil Herren (SK S7) 2:47,21 min
Platzierg. 3 × 1. Platz, 4 Urkunden (100/200 m Freistil, Freistil-Staffel)
 4 × 2. Platz, 4 Urkunden (50 Brust/50 u.100 m Rücken/50 m Freistil), 7 Goldmedaillen, 4 Silbermedaillen

25. Internationales Sportfest für Rollstuhlfahrerinnen und Rollstuhlfahrer

Austr.-Ort: Krautheim/Jagst, Baden-Württemberg
Austr.-Zt.: August 1995
Ergebnisse: keine Angaben
Platzierg. keine Angaben, 5 Goldmedaillen, 1 Silbermedaille

Europameisterschaften im Schwimmen 1995

Austr.-Ort: Perpignan, Frankreich
Austr.-Zt.: 6.–9. September 1995
Ergebnisse: 50 m Rücken Damen (S4) 0:49,13 min (Weltrek.)
 50 m Freistil Damen (S4) 0:47,46 min (Weltrek.)
 100 m Freistil Damen (S4) 1:36,6 min (Weltrek.)
 200 m Freistil Damen (S4) 3:24,96 min (Weltrek.)
Platzierg. keine Platzierungsangabe, 4 Urkunden, 4 Goldmedaillen,
 2 Silbermedaillen

1. Integrativer Einladungswettkampf im Schwimmen
(anlässl. »50 Jahre Behindertensport in Leipzig«)

Austr.-Ort: Leipzig, Sachsen
Austr.-Zt.: 24. September 1995
Ergebnisse: 50 m Brust 0:31,8 min (1:21,0 min)
50 m Rücken 0:25,6 (0:55,0 min)
50 m Freistil 0:22,5 min (0:48,3 min)
Staffel:
BV Leipzig: Espenhayn, Voidel, Scholich, Czaja
4 × 50 m Freistil (Off. Kl.) 2:17,1 min (2:44,2 min)
BV Leipzig: Espenhayn, Voidel, Leutelt, Straub, Buschmann, Hoffmann, Spalteholz, Radke
8 × 50 m Freistil (Off. Kl.) 4:49,1 min (5:30,9 min)
BV Leipzig: Espenhayn, Voidel, Fischer, Scholich
4 × 50 m Brust (Off. Kl.) 3:08,4 min (3:55,4 min)
BV Leipzig: Hoffmann, Straub, Radke, Spalteholz, Espenhayn, Scholich, Voidel, Buschmann
8 × 50 m Lagen (Off. Kl.) 5:29,2 min (6:15,1 min)
Platzierg. 6 × 1. Platz, 4 Urkunden
1 × 2. Platz, 1 Urkunde (8 × 50 m Lagen)
1 Silbermedaille

Internationale Deutsche Meisterschaften für Behinderte im Schwimmen

Austr.-Ort: Leipzig, Sachsen
Austr.-Zt.: 4./5. Mai 1996
Ergebnisse: 50 m Brust (Off. Kl./S4) 1:14,14 min
50 m Rücken (Off. Kl./S4) 0:53,71 min
100 m Rücken (Off. Kl./S4) 1:57,62 min
50 m Freistil (Off. Kl./S4) 0:50,07 min
100 m Freistil (Off. Kl./S4) 1:51,87 min
150 m Lagen (Off. Kl./SM4) 3:32,35 min
Staffel:
LV Sachsen: Kay Espenhayn, Anne-Christin Hoffmann, Nadja Tennemann, Antje Säuberlich
4 × 100 m Freistil (Off. Kl.) 5:40,39 min
LV Sachsen: Kay Espenhayn, Gunter Thiele, Andreas Hausmann, Maria Götze
4 × 50 m Freistil (Off. Kl.) 2:42,71 min
LV Sachsen: Kay Espenhayn, Gunter Thiele, Thomas Wieland, Andreas Hausmann
4 × 50 m Lagen (Off. Kl.) 3:06,76 min
Platzierg. 7 × 1. Platz, 7 Urkunden
1 × 2. Platz, 1 Urkunde (4 × 50 m Freistil)
1 × 3. Platz, 1 Urkunde (4 × 50 m Lagen)
3 Goldmedaillen, 1 Silbermedaille, 1 Bronzemedaille

BT National Open Swimming Championships

Austr.-Ort: Sheffield, England, UK
Austr.-Zt.: Juni 1996
Ergebnisse: keine Angaben
Platzierg. keine Angaben, 4 Goldmedaillen, 1 Silbermedaille

10. Paralympische Spiele Atlanta 1996

Austr.-Ort: Atlanta, Georgia (USA)
Austr.-Zt.: 16.–25. August 1996
Ergebnisse: 50 m Brust Damen (SB3) (ohne Angabe)
　　　　　　 50 m Rücken Damen (S4) (ohne Angabe)
　　　　　　 50 m Freistil Damen (S4) (ohne Angabe)
　　　　　　 100 m Freistil Damen (S4) (ohne Angabe)
　　　　　　 200 m Freistil Damen (S4) (ohne Angabe)
　　　　　　 150 m Individ. Lagen Damen (SM4) (ohne Angabe)
　　　　　　 4 × 50 m Freistil Damen (S1>6) (ohne Angabe)
　　　　　　 4 × 50 m Lagen Damen (S1>6) (ohne Angabe)
Platzierg.　 keine Platzierungsangabe, 8 Urkunden, 3 Goldmedaillen, 2 Silbermedaillen, 1 Bronzemedaille

Hallesche Werfertage

Austr.-Ort: Halle/Saale, Sachsen-Anhalt
Austr.-Zt.: 17. Mai 1998
Ergebnisse: Kugel 3,02 m
　　　　　　 Diskus 6,31 m
　　　　　　 Speer 5,40 m
Platzierg.　 keine Angaben, 1 Urkunde

10. Offene Sachsenmeisterschaft im Schwimmen für Behinderte

Austr.-Ort:	Leipzig, Sachsen
Austr.-Zt.:	25./26. März 2000
Ergebnisse:	50 m Brust 1:10,35 min, 458 Pkte.
	100 m Freistil 1:47,56 min, 714 Pkte.
	Staffel:
	BV Leipzig: Hoffmann, Knoth, Czaja, Espenhayn
	4 × 50 m Freistil 2:35,52 min, 665 Pkte. 1.
	BV Leipzig: Knoth, Schubert, Hoffmann, Espenhayn
	4 × 50 m Brust 3:52,84 min, 524 Pkte. 1.
	BV Leipzig: Knoth, Schubert, Hoffmann, Espenhayn
	4 × 50 m Lagen 3:24,63 min, 563 Pkte. 1
Platzierg.	2 × 3. Platz, 2 Urkunden (50 m Brust/100 m Freistil)
	3 × 1. Platz, 3 Urkunden (Staffeln)
	2 Goldmedaillen, 2 Bronzemedaillen

30. Internationales Sportfest für Rollstuhlfahrerinnen und Rollstuhlfahrer

Austr.-Ort:	Krautheim/Jagst, Baden-Württemberg
Austr.-Zt.:	2.–6. August 2000
Ergebnisse:	keine Angaben
Platzierg.	keine Angaben, 1 Urkunde, 8 Goldmedaillen

Berlin-Brandenburger Landesmeisterschaften im Schwimmen
Austr.-Ort: Berlin, Deutschland
Austr.-Zt.: 1. April 2000
Ergebnisse: 100 m Rücken (Off. Kl./S4) 1:49,81 min
Platzierg.   1. Platz, 1 Urkunde, 2 Goldmedaillen, 1 Silbermedaille

Internationale Deutsche Meisterschaften der Behinderten im Schwimmen
Austr.-Ort: Berlin, Deutschland
Austr.-Zt.: 27./28. Mai 2000
Ergebnisse: 50 m Brust Frauen (Off. Kl./SK3) 1:1,02 min
            100 m Rücken Frauen (Off. Kl./SK S4) 1:52,72 min (Weltrek.)
            50 m Freistil Frauen (Off. Kl./SK S4) 0:48,81 min
            100 m Freistil Frauen (Off. Kl./SK S4) 1:47,44 min
            200 m Freistil Frauen (Off. Kl./SK S4) 3:43,66 min
            150 m Lagen Frauen (Off. Kl./SK SSM3) 3:13,67 min
Platzierg. 5 × 1. Platz, 6 Urkunden (darunter 1 Weltrekordurk.)
            1 × 2. Platz, 1 Urkunde (50 m Brust)
            4 Goldmedaillen, 1 Silbermedaille

4. Schwimmwettbewerb des Kur- und Freizeitbades RIFF
Austr.-Ort: Bad Lausick, Sachsen
Austr.-Zt.: 8. Juli 2000
Ergebnisse: Alterskl. 31–40 Jahre / aktiv weibl. 15 min: 800 m
Platzierg.   3. Platz, 1 Urkunde

11. Paralympische Spiele Sydney 2000

Austr.-Ort: Sydney, Australien
Austr.-Zt.: 18.–28. Oktober 2000
Ergebnisse: 50 m Freistil Damen (S4) (ohne Angabe)
100 m Freistil Damen (S4) (ohne Angabe)
200 m Freistil Damen (S4) (ohne Angabe)
150 m Lagen Damen (S4) (ohne Angabe)
4 × 50 m Freistil Damen (S4) (ohne Angabe)
Platzierg. keine Platzierungsangabe, 3 Urkunden, 5 Silbermedaillen

11. Offene Sachsenmeisterschaft im Schwimmen für Behinderte

Austr.-Ort: Leipzig, Sachsen
Austr.-Zt.: 21./22. April 2001
Ergebnisse: 50 m Brust 0:55,17 min, 706 Pkte.
200 m Freistil 4:28,60 min, 370 Pkte.
Staffel: BV Leipzig: Hoffmann, Knoth, Czaja, Espenhayn
4 × 50 m Lagen (keine Angabe)
Staffel:
BV Leipzig: Hoffmann, Knoth, Czaja, Espenhayn
4 × 50 m Freistil 2:45,40 min, 537 Pkte.
BV Leipzig: Espenhayn, Frenz, Buschmann, Knoth
4 × 50 m Rücken 3:00,82 min, 501 Pkte.
Platzierg. 2 × 1. Platz, 2 Urkunden (4 × 50 m Freistil/4 × 50 m Lagen)
2 × 2. Platz, 2 Urkunden (50 m Brust/4 × 50 m Rücken)
1 × 3. Platz, 1 Urkunde (200 m Freistil)
2 Goldmedaillen

Internationale Deutsche Meisterschaften der Behinderten im Schwimmen
Austr.-Ort: Berlin, Deutschland
Austr.-Zt.: Mai 2001
Ergebnisse: keine Angaben
Platzierg. keine Angaben, 6 Goldmedaillen, 3 Silbermedaillen

Meisterschaft des Regierungsbezirkes Chemnitz im Schwimmen
Austr.-Ort: Chemnitz, Sachsen
Austr.-Zt.: 16. Juni 2001
Ergebnisse: 200 m Freistil weibl./Off. Kl. 2:00,88 min
100 m Freistil weibl./Off. Kl. 0:56,27 min
50 m Freistil weibl./Off. Kl. 0:27,21 min
Staffel:
BV Leipzig: Espenhayn, Fernau, Frenz, Jähnichen
4 × 50 m Brust 3:02,35 min
Platzierg. 3 × 1. Platz, 3 Urkunden
1 × 2. Platz, 1 Urkunde (Staffel)
2 Goldmedaillen, 1 Silbermedaille

Europameisterschaften im Schwimmen 2001
Austr.-Ort: Stockholm, Schweden
Austr.-Zt.: 28. Juli–6. August 2001
Ergebnisse: 50 m Rücken Damen (S4) 0:48,93 min (Weltrek.)
Platzierg. keine Platzierungsangabe, 1 Urkunde, 4 Goldmedaillen,
1 Bronzemedaille

Deutsche Mannschaftsmeisterschaften 2001 im Schwimmen
Austr.-Ort: Hoyerswerda, Sachsen
Austr.-Zt.: 1./2. Dezember 2001
Platzierg. 1. Platz, 1 Urkunde

Offene Landesmeisterschaften Sachsen – Bayern – Sachsen-Anhalt
Leichtathletik
Austr.-Ort: Dresden, Sachsen
Austr.-Zt.: 21. Mai 2001
Ergebnisse: 100-m-Lauf Frauen (SK F/T52) 38,21 s
　　　　　　Kugelstoßen (SK F/T52) 2,83 m
　　　　　　Diskuswurf (SK F/T52) 5,55 m
　　　　　　Speerwurf (SK F/T52) 7,05 m
Platzierg.　4 × 1. Platz, 4 Urkunden

Internationales Sportfest für Rollstuhlsportler des SC DHfK Leipzig e. V.
(ohne Jahresangabe)
Austr.-Ort: Leipzig, Sachsen
Austr.-Zt.: keine Angabe
Ergebnisse: keine Angabe
Platzierg.　1 × 1. Platz (Frauen), 1 Urkunde
　　　　　　1 × 2. Platz (Frauen), 1 Urkunde

Ohne erkennbare Wettkampfzuordnung:
10 Goldmedaillen, 2 Silbermedaillen, 1 Bronzemedaille

Kay Espenhayn stellte mehrere Weltrekorde auf, darunter im Jahr 1996 in Atlanta über 150 Meter Lagen (2:56,98 min), 2000 in Berlin über 100 Meter Rücken (1:52,72 min) und 2001 in Stockholm über 50 Meter Rücken (48,93 sec).

Wo Platzierungsangaben fehlen, fehlte der Nachweis in Form einer Urkunde. – *Anmerkungen des Verlags*

Kurzbiografie

20.08.1968	in Leipzig geboren Mutter: Monika Espenhayn, Kindergärtnerin Vater: Lothar Espenhayn
1975	Einschulung in die Polytechnische Oberschule erste Leistungssporterfahrungen, Rhythmische Sportgymnastik
1980	vorläufiges Ausscheiden aus dem Leistungssport, allerdings ohne abtrainieren zu können Waldhornbläserin im Jugendblasorchester Leipzig Erlernen des Flötenspiels (Altblockflöte, Sopranblockflöte)
1985	Ende der Schulzeit, Beginn eines praktischen Jahres im Diakonissen-Krankenhaus Leipzig
1986	Beginn eines Studiums an der Medizinischen Fachschule Leipzig
1989	Beendigung des Studiums mit Staatsexamen (Med.-techn. Assistentin für Labor) zwischenzeitlich Ausbildung zur Rettungsschwimmerin der Stufen I und II, regelmäßiges Training in den Sommermonaten (Ostseestrände, Leipziger Seen) Operation eines Lymphknoten am Hals, wobei unbeabsichtigt ein Nerv durchtrennt wurde, seitdem Bewegungseinschränkungen der Halswirbelsäule, des rechten Schultergelenks und des rechten Arms, dadurch Rettungsschwimmereinsätze nicht mehr möglich Schwimmen im Behindertensportverband, regelmäßiges Training

1993	Operation an der Wirbelsäule wegen Bandscheibenschäden
	komplette Querschnittslähmung ab 5. Brustwirbel
	erneut Trainingsbeginn mit sehr guten Leistungen
	Teilnahme an Deutschen Meisterschaften
1995	Teilnahme an Europameisterschaft in Perpignan/Südfrankreich
	Unfall auf dem Weg zu ARD-Sportgala in Ludwigsburg, danach Krankenhausaufenthalt und Reha
1996	komplette Querschnittslähmung ab 6. Halswirbel
	Teilnahme an Deutschen Meisterschaften
	Paralympics in Atlanta, USA
	Sportlerin des Jahres
	Silbernes Lorbeerblatt, verliehen durch Bundespräsident Roman Herzog in Bonn
1997	BILD-Osgar
1999	Eintrag in das Goldene Buch des Freistaates Sachsen
2000/2001	Sportlerin des Jahres
2001	*Silbernes Lorbeerblatt,* verliehen durch Bundespräsident Johannes Rau im Gästehaus Petersburg in Königswinter
	Europameisterschaften in Stockholm
	Botschafterin für UNICEF
15. 9. 2002	Tod nach längerem Krankenhausaufenthalt.

Nach ihrem Tod erhielt Kay Espenhayn am 8. März 2003 für ihr Lebenswerk die Sächsische Sportkrone.

Anmerkung des Autors: Das vorliegende Werk ist themenspezifisch geordnet und folgt nur bedingt einer festen Chronologie. Deshalb werden eine stichpunktartige Biografie der Sportlerin sowie ein Medaillenspiegel im Anhang aufgeführt.

Um die überwältigende Materialmenge besser sondieren und klarer eingrenzen zu können, wurden verschiedene Artikel aus Tageszeitungen oder anderen einschlägigen Quellen teilweise gekürzt oder nur auszugsweise wiedergegeben. Um Irritationen zu vermeiden, befindet sich unter jedem einzelnen Textabschnitt die entsprechende Quellen- bzw. Autorenangabe, selbst wenn diese bereits aus anderen Hinweisen hervorging. Die einzige Ausnahme bilden die von Andreas H. Buchwald verfassten Texte, die häufig als Einleitung oder Fazit am Anfang oder Ende eines Kapitels stehen.

Textabschnitte, die aus Kays eigener Feder stammen und bisher nicht für eine Veröffentlichung vorgesehen waren, verblieben in ihrer ursprünglichen Schreibweise (z. B. alte Rechtschreibung), während andere Beiträge, etwa aus Tageszeitungen, leicht bearbeitet wurden.

Bildanhang

Paralympics in Atlanta 1996

Paralympics Schwimmteam Deutschland im Aquatic-Center (Kay Espenhayn erste Reihe, 2.v.l.)

(oben) Eröffnungsveranstaltung der Paralympics vor dem Olympiastadion

(unten) 20.08.96 – Geburtstag von Kay Espenhayn. Sie gewann an diesem Tag Gold in 200m Freistil. Hier ist sie zusammen mit Mayumi Narita (2. Platz, Japan) und Amie Bruder (3. Platz, USA)

Ehrungen, Interviews, Auftritte

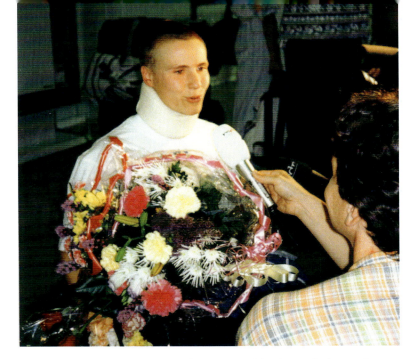

August 1996 – Ankunft am Flughafen Leipzig Schkeuditz nach den Paralympics in Atlanta – Interview mit Klaus Justis Schmitz vom Mitteldeutschen Rundfunk

Schwimmhalle Antonienstraße in Leipzig. In der Hand hält sie eine ihrer in Atlanta gewonnenen Goldmedaillen.

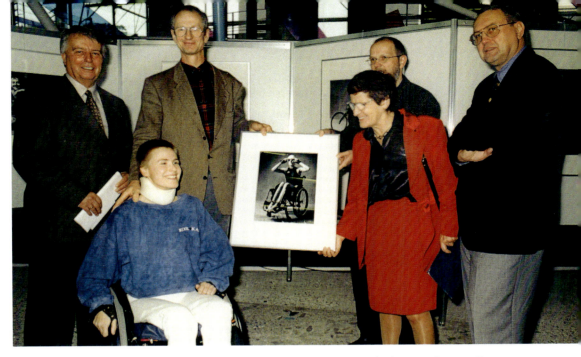

Eröffnung Fotoausstellung »Winners – Athleten der Paralympics« von Jan Michael im Bundestag in Bonn (8. Oktober 1996) – auf dem Foto sind neben Kay Espenhayn u.a. der Vorsitzendes des damaligen Sportausschusses des Deutschen Bundestages Engelbert Nelle (links außen) und die damalige Präsidentin des Deutschen Bundestages Rita Süssmuth (mitte-rechts) zu sehen.

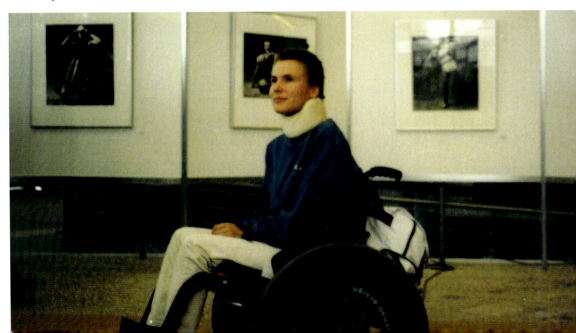

Landessportball im Kulturpalast Dresden mit der Ehrung der Sportlerumfrage – Sportler des Jahres 1996 (15. März 1997)

Interview mit Almut Risse (Sportmoderatorin des MDR) während des Landessportballs

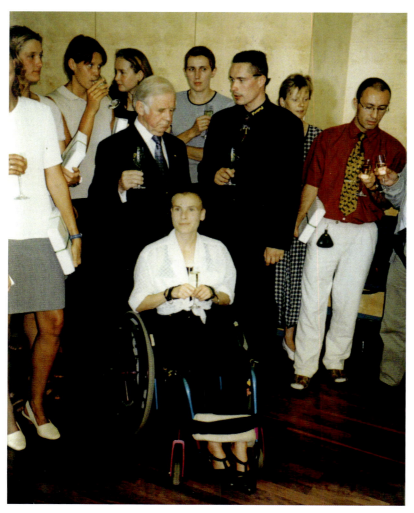

19. Juli 1999 – Eintragung ins Goldene Buch des Freistaates Sachsen in der Staatskanzlei Dresden. Auf dem Foto sind neben Trainer Hanno Mertens (rechts außen) auch der damalige Ministerpräsident Sachsens Kurt Biedenkopf zu sehen (direkt hinter Kay Espenhayn).

Kay Espenhayn trägt sich ins Goldene Buch der Stadt Leipzig ein (24. November 2000).

Paralympics 2000 in Sydney

Mannschaftsfoto in Sydney

Siegerehrung in Sydney. Kay Espenhayn bekam hier die Silbermedaille.

(unten) Lars Lürig und Kay Espenhayn nach 200-m-Freistil. Beide sind Weltrekord geschwommen.

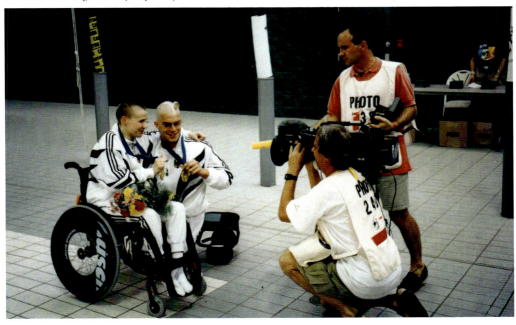

EM 2001 in Stockholm

EM in Stockholm – Leipziger EM-Team

Siegerehrung über 150-m-Medley (01. August 2001)

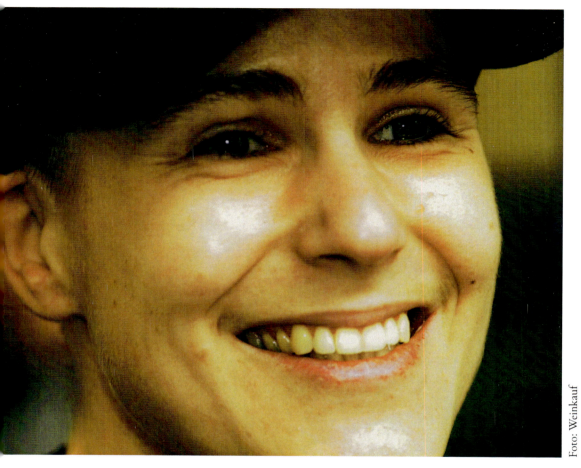

Foto: Weinkauf